経済計算のための統計

バランス論と最適計画論

岩崎俊夫

日本経済評論社

はしがき

　本書は，社会経済統計と経済学あるいは社会経済分析との関連を考察する，わたしのテーマ研究の一環として構想された。

　社会経済分析のための統計には国民経済計算論，産業連関論，価格指数論のような，結びつき方に相異があるにしても，それらの起源で経済学と何がしかの関連をもってきたものが考えられる。次いで，それらの出自が必ずしも経済学と関わらない統計であるが，経済分析や予測を目的に利用される統計があり，これらを用いた社会統計分析にも経済学の理論が不可欠である。

　わたしが直接の研究対象として関心をよせているのは，上記のうちの前者である。これらの経済統計の生成と発展の過程では，経済学の理論があるときはこれらを主導し支援してきた。しかし，あるときは両者の間に確執が生じ，新たな展開のための契機となった。この種の統計あるいは統計学にとって経済学は，それらを利用した社会経済分析の両輪の一方であり，経済学の理論を無視し（あるいは両者の切断），統計を単なるデータとして一人歩きさせてはならない。あるいは統計研究者の仕事がデータとしての統計の解析に限定され，経済学ないし経済理論に無関与なまま進められてはならない。しかし現実には，残念ながらこの傾向（「理論なき計測」「理論なき統計計算」）は一部で強まっている。

　以前に刊行した著作（『統計的経済分析・経済計算の方法と課題』八朔社，2002年；『社会統計学の可能性――経済理論・行政評価・ジェンダー』法律文化社，2010年）で，わたしはこのような問題意識のもとに，その徴候を指摘し，新たな可能性を論じた。

　本書で扱う経済統計は以上の大きなテーマに括られながら，これまでの著作

でわたしが取り上げたものと全く異なる旧ソ連（以下，本文中を含め「旧」を付すことは省略する）での経済計算と経済計画化を目的に作成された統計あるいは経済モデルであり，課題をそれらの批判的検討に定めた。より具体的には副題にあるように，ソ連の国民経済計算である国民経済バランス体系の構築過程とそれをめぐる論争，そして「数理派」と目された論客による最適経済機能システム論の検討である。限定されたこのテーマを検討する視点もその角度を変更し，関連する経済統計を歴史的展開のプロセスにそくして考察する方法をとった。

ソ連が崩壊して20年が経過し，いま改めてこの国の経済計算と経済モデル論を取り上げる意義は，「社会主義経済」制度のもとでどのような経済計算体系が構想され，また展開されたのか，論議された経済理論問題は何であったのかを，ひとつの歴史的存在として確認することにある。

振り返れば国民経済バランス論の分野では，ときにはケネー経済表，マルクス再生産表式の延長で経済循環論についての真摯で自由な議論があり，またときには古典の教条主義的理解の弊害が認められた。国民経済計算の経済理論的基礎への関心が後退している現在，そこにはいろいろな意味で今日の経済統計関係者が再確認しておくべき契機と事情と問題があった。わたしは本書で経済計算の史的展開のなかでそれらを明るみにしようと試みた。

国民経済計算論にせよ，その他の経済統計にせよ，その基盤となる経済理論に無関心を装うことは学問研究の後退である。そうかといって無批判的にそれを受容することも同じムジナに陥ることになる。わたしはそのことを念頭に，本書を構想した。対象はソ連の経済計算論と経済モデル論であるが，議論される内容は現在の経済統計学分野の一部にみられる経済理論，方法論軽視の風潮への警鐘である。

全体構成は，下記のとおりである。

第1章「『1923/24年ソ連邦国民経済バランス』の作成経緯と方法論——社会的再生産構造把握のための最初の統計——」では，ソ連中央統計局が1926年に

作成した世界で最初の国民経済計算「1923/24年国民経バランス」（統計局長のП. ポポフが序文を書いたが，主要な執筆者はЛ. リトシェンコ）の理論と方法を紹介，考察した。具体的には，このバランスが登場するまでの経緯と思想的背景，バランス法の意義に言及した後，ポポフ，リトシェンコの経済計算に関する理論，考え方を検討した。結論として与えられたのは，「1923/24年国民経済バランス」がこの種のバランス発展の礎となり，国民経済計算の原基形態を示した点で大きな意義があったが，統計技術的欠陥，資料的不備を免れることができなかったことである。また，理論的には過渡期経済の具体的分析を欠き，方法論的にはバランス法の位置づけが弱く，経済循環の理論とそれを支える経済学の理解が形式的であった（再生産の均衡論的理解に支配されていた）。

　第2章「国民経済バランスの史的展開（1930〜55年）——経済計算の体系化とストルミリン表式——」では1930〜55年の国民経済バランスの成果物（中央統計局，ゴスプランのバランス［経済計算］，あるいはストルミリン表式をめぐる論争）を取り上げ，国民経済バランスの歴史に位置づけ，考察した。中心論点は，社会的再生産のプロセスをいかにバランス諸表の体系として提示するのか，総合的な統一的なバランスとして構想するのかであった。戦前の国民経済バランスの発展は，個別物財バランスの発展，再生産の諸要素を特徴づける財務バランス（国民所得バランス），労働（資源）バランスの完成，それらの諸バランスの体系構成，計画国民経済バランスについての議論とその実践への定着として特徴づけられる。ストルミリンによる単一総合表式（36年表式，54年表式）の作成は，この体系構成への問題提起であった。

　第3章「国民経済バランス体系の確立と部門連関バランス——歴史的位置と理論的基礎——」では，50年代後半の国民経済バランスの発展を検討した。論点として取り上げたのは1957年に中央統計局が体系づけた国民経済バランスの体系とそれに付随して登場した部門連関バランス（分析）の検討である。前者は戦前からの国民経済バランス作成実践の集大成であり，国民経済計算のソ連版である。この国民経済バランスの構築にあたっては，マルクス再生産論に立

脚し，その理論の具体化が意識的に追及された。部門連関バランスは当初は，国民経済バランス体系の一要素にすぎなかったが，次第にクローズアップされた。部門連関バランス表そのもの，またそれを使った部門連関バランス分析は，いわゆる産業連関表あるいは産業連関分析と形式的に変わらないが，表式の構成，用語には特徴がある。

　第4章「国民経済計算体系の方向転換——MPSとSNAの統合——」ではソ連崩壊直前の国民経済計算体系の変化として，MPS中心に作成されていた経済計算体系へのSNAの要素の導入，実務レベルでのこの課題の提起，そのことを念頭に入れたGNP指標の採用と公表（1988年より），そしてSNA，MPS両方式の指標の導出を可能にするシステムであるマクロ経済指標の統合システム構築などがあることを示した。関連してソ連統計学界では国民経済バランス体系と異なる種々のバランスモデルが提起され，それらをめぐる議論が積み重ねられた。新たな特徴は国民経済計算の展開がSNA方式導入に向かって進んだこと，しかもそれが実務レベルで急速に取り組まれたことであった。本章では，新たな次元でのこの展開が孕んだ問題点（マクロ経済指標の統合システム構築をめぐる議論がその形式的構成に限定されて展開されたこと）を明らかにした。

　第5章「最適経済機能システム論と生産関数論——数理派の経済観——」では，1960年代後半，経済学，計画論領域への数理的方法の積極的導入を提唱した数理経済学派，数理統計学派の議論を取り上げ，これらの学派による最適経済機能システム論（構成経済学），生産関数論の批判的検討を行った。これらの議論に共通していることは，当時の国民経済の発展段階認識が主観的，楽観的であったこと，その理論的課題を既存資源と技術的方法の効率的利用を目的とする国民経済の最適化に求められたこと，数理的計画論が数理的方法の有用性を専らその分析用具としての汎用性に求めたこと，生産過程がブラック・ボックス化され生産関係と技術進歩の分析がなかったこと，などである。Н. П. フェドレンコ，А. И. アンチシキン，Б. ミハレフスキーなどの論稿により，これら諸点の詳細を跡づけた。

第6章「最適計画論の特徴と問題点」は，前章で検討の対象に取り上げた最適経済機能システム論を，計画性概念，価格論に焦点を絞って論じた。検討の結果，社会主義経済の「計画性」の理解の一面性と過度の単純化，価格論の価値論的脆弱性からくる生産過程，再生産分析の欠如，計画化と管理の機能的側面に偏った解釈などが明らかになった。これらは Л. B. カントロヴィッチ，B. ノヴォジロフを代表とする最適計画論の系譜にある研究者たちの見解，またより一般的に計画化と管理に数理的手法を積極的に導入した数理派の見解に共通する内容であった。機能分析先行と表裏一体といえる実態分析の欠如，所有関係，生産関係の問題に立ち入ることなくソ連経済の発展を管理の問題，効率の問題におきかえてとらえる傾向は，数理派の議論に共通していた。

　統計研究者のひとりであるわたしが経済学，経済理論にこだわるのは，学生時代に金融論のゼミナールに所属し，その指導教授であった故松井安信教授の指導の影響があるからかもしれない。大学院に進むにあたって，統計学分野に関心を移したおりに，松井教授はわたしの意向を了解されながらも，統計計算に拘泥する研究者にならないように戒められた。その忠言は今でも強く頭のなかにある。また，大学院生時代の指導教授であった故是永純弘教授は別の形で統計学と経済学との関係を意識され，方法論的基礎を重視された。
　わたしの研究成果がお二人の意図をどれだけ実現しえたかについてははなはだ自信がないが，学問姿勢だけは受け継いだつもりである。両先生の学恩に，この場を借りて改めてお礼申し上げたい。また，ひとりひとりのお名前をあげることは差し控えるが，多くの研究者との意見交換がわたしの学問的営為を支えてきた。謝意を表したい。

目　次

はしがき　i

第1章　「1923/24年ソ連邦国民経済バランス」の
　　　　作成経緯と方法論——社会的再生産構造
　　　　把握のための最初の統計——……………………………1

　はじめに　1
　第1節　国民経済バランス作成の画期　2
　　　1-1　第1期　黎明期のバランス法　3
　　　1-2　第2期　再生産論と均衡論　5
　　　1-3　第3期　国民経済バランス体系の確立　8
　　　1-4　小括　10
　第2節　国民経済バランス作成以前の計画法　11
　　　2-1　計画法としてのバランス法　11
　　　2-2　種々の計画法と統制数字　13
　第3節　「1923/24年ソ連邦国民経済バランス」の作成経緯　17
　　　3-1　その登場　17
　　　3-2　その内容　19
　　　3-3　その経済理論　22
　第4節　「1923/24年ソ連邦国民経済バランス」の批判的検討　24
　　　4-1　その方法論　24
　　　4-2　その表示形式　26

4-3　その問題点　31

おわりに　33

〈付〉「1923/24年ソ連邦国民経済バランス」の構成 …………… 34

第2章　国民経済バランスの史的展開（1930〜55年）
──経済計算の体系化とストルミリン表式── …………… 41

はじめに　41

第1節　1930年代の国民経済バランス体系　43

　　1-1　1928-30年国民経済バランス　43

　　1-2　1930年代後半の国民経済バランス　51

第2節　1930年代の国民経済バランス論争　54

　　2-1　均衡論批判と単一総合バランス　54

　　2-2　ストルミリン36年表式　58

　　2-3　その評価　63

第3節　戦後の国民経済バランスの発展　67

　　3-1　1950年代の国民経済バランス　67

　　3-2　ストルミリン54年表式　74

　　3-3　その評価　79

おわりに　82

第3章　国民経済バランス体系の確立と部門連関バランス
──歴史的位置と理論的基礎── …………… 89

はじめに　89

第1節　中央統計局のバランス体系と部門連関バランス　90

1-1　国民経済バランス体系の確立　90

　　　1-2　部門連関バランス作成の試み　101

　　　1-3　部門連関バランス研究の多様化　104

　第2節　部門連関バランスの基本性格　107

　　　2-1　経済計算のための部門連関バランス　107

　　　2-2　部門連関バランスのモデル化　116

　　　2-3　再生産分析への部門連関バランスの適用　119

　おわりに　125

第4章　国民経済計算体系の方向転換
　　　　——MPSとSNAの統合—— ……………………………… 131

　はじめに　131

　第1節　SNA方式導入の背景　132

　　　1-1　市場経済への移行とMPSの限界　132

　　　1-2　68SNAにおける生産と市場　136

　　　1-3　不生産部門をめぐる諸問題　137

　第2節　SNA方式導入の準備作業　139

　　　2-1　GNP指標　139

　　　2-2　部門連関バランス　142

　　　2-3　ИСМЭП（マクロ経済指標の統合システム）　146

　おわりに　148

第5章　最適経済機能システム論と生産関数論
　　　　——数理派の経済観—— ……………………………… 151

　はじめに　151

第1節　最適経済機能システム論と生産関数論の概要　152
　　　　　1-1　最適経済機能システム論　152
　　　　　1-2　生産関数論　155
　　　第2節　数理的計画論の経済観　159
　　　　　2-1　数理的計画論の経済構造分析　159
　　　　　2-2　最適経済機能システム論の価格論　162
　　　第3節　生産関数論による経済動態分析　165
　　　　　3-1　技術進歩の測定　165
　　　　　3-2　限界効率指標の過大評価　169
　　　おわりに　173

第6章　最適計画論の特徴と問題点
　　　　——H. П. フェドレンコの所説を中心に——……… 179

　　　はじめに　179
　　　第1節　最適計画論における「計画性」概念　181
　　　第2節　最適計画論の価格論　185
　　　おわりに　192

あとがき　197
索　引　199

第1章 「1923/24年ソ連邦国民経済バランス」の作成経緯と方法論
——社会的再生産構造把握のための最初の統計——

はじめに

　筆者は本章でソ連統計の分野でかつて異彩を放った「1923/24年ソ連邦国民経済バランス（Баланс Народного Хозяйства Союза ССР 1923-24 года）」（以下，見出しと引用文を別として，本文中では「1923/24年バランス」と略）の紹介と検討を行う。「1923/24年バランス」は，経済建設を目標として国家の舵取りを進めた当時のソ連のユニークな統計であった。何よりもそれは経済計画化の実践と直結した統計であり，また社会的再生産の把握を意図した壮大な，前例のない統計体系であった。この総合的統計表としてのバランスから革命後の経済理論，国民経済の再生産認識がどのような状況にあったかを具体的に知ることができるので，その紹介と検討には価値がある。さらに，このバランスの検討は，国民経済バランスひいては国民経済計算のその後の展開を跡付ける契機となる。筆者が本章でこのテーマを取り上げた所以である。

　「1923/24年バランス」の紹介としては，二瓶剛男，下原清志の論稿などがある[1]。長屋政勝の論稿は「1923/24年バランス」を精読し，批判的観点から書かれたものだが，残念ながら完結しなかった[2]。これらの論稿があるとはいえ，日本の社会統計学の分野での「1923/24年バランス」の研究はこのバランスの歴史的意義にもかかわらず数少ない[3]。以上の論稿以外にも「1923/24年バランス」に言及した研究はあるが，直接この「1923/24年バランス」にあたって検討した形跡がないものが多数である[4]。筆者は，本章で，以上の先行研究の状態をふまえ，この「1923/24年バランス」作成経緯，依拠した方法論に焦点

を絞り，その構成と表示形式，問題点を順に紹介し，検討する。「1923/24年バランス」はしばしば1960年代に登場した部門連関バランス（第3章）との関わりで取り上げられたが，本章では「1923/24年バランス」そのものの意義と限界を，社会的再生産の諸問題との関わりで検討する。この点が従来の研究との大きな相違点である。

なお，文中の表記に関して，付言しておきたい。「社会主義」の用語について，かつてのソ連が崩壊にいたるまでの時期をとおして，「社会主義」体制を堅持していたかどうかは疑問である。さらに，筆者はソ連の経済学者，統計学者が自国の経済発展段階を社会主義段階の経済と呼ぶ場合と，筆者であるわたしが当時の経済体制をどのように規定し，評価するかという場合とでは，それぞれを分けて記述すべきであると自覚している。前者に関しては彼らの自己認識が主観的であり，誤っていたのであるから，カッコを付し，条件付きであることを示すべきであるが，この用語のひとつひとつにカッコを付すのは煩瑣であり，読者には煩わしく感じられると思われるので避けた。この点をお断りしておきたい。後者に関してはソ連社会主義経済とはせず，便宜的との誹りを受けるかもしれないが，できるかぎり「社会主義」の表記を避けた。この点も予めご了解いただきたい。この注記は，引き続く諸章でも引き継がれる。

第1節　国民経済バランス作成の画期

ソ連邦では国民経済の計画化と再生産分析の主要な手段として国民経済バランスが用いられていたことは，よく知られている。国民経済バランスは，ソ連邦国民経済建設の歴史とともに古く，その作成経験は，理論的にも，実践的にも紆余曲折の連続であった。それだけに国民経済バランス作成の歴史には，国民経済の再生産過程の統計的把握がいかに困難な課題であったかについての多くの興味深い経験が蓄積されている。

国民経済バランスはいかなる統計表であったのか，そしてその意義と限界とをどのように整理するべきなのだろうか。国民経済バランスの理論と実践の歴

史をたどりながら，この課題を考えてみたい。本節では国民経済の統計的把握，また計画化の道具として利用された国民経済バランスが現実の経済問題をどのように反映し，また反映できなかったかに的を絞り，この課題をソ連経済の時々の発展段階に対応させて考察する。

筆者は国民経済バランスの歴史を，3つの時期に区分する。第1期は革命直後から国家電化計画（ゴエルロ［ГОЭЛРО：Государсвенная комиссия по электрификации России］］計画）を経て1929年12月の農業問題専門家会議までである。この時期の理論的成果は，計画法としてのバランス法（баласовый метод）の確立である。

第2期は1930年代前半から1957年の全ソ統計家会議の直前までである。この時期の特徴は，国民経済バランスの体系化が追及され，再生産論と関連づけた議論が展開された。理論分野では，С. Г. ストルミリン（С. Г. Струмилин）が独自の表式案を提起し，これをめぐる論争があった。

第3期は，上記の全ソ統計家会議以降である。この会議で国民経済バランス体系が文字どおり体系として示された。あわせて，部門連関バランスと呼ばれる産業連関表と同型の統計表が注目された。以下では，この順でそれぞれの時期の特徴を概観する。

1-1　第1期　黎明期のバランス法

第1期の国民経済バランスの特徴については，本章の課題と重なるので，第2節以降の議論に必要なかぎりでの要約に留める。

1920年に全国的規模での単一の総合計画としてゴエルロ計画が提示された。この計画構想で В. И. レーニン（В. И. Ленин）はバランス法が国民経済の計画的運営方法とならなければならないとし，この方法を重視した。バランス法は「専門家の見積り」「変案法」といった他の計画法，とりわけ「指導的環の理論」と結合して利用することが構想され，国民経済建設に重要な計画法であるとの考え方が示された。バランス法のこの位置づけが単一の全国の電化計画と平仄をあわせて示されたことは，特筆に値する。このバランス原理は，これ

以降1930年代に重化工業優先の拡大再生産過程が推進される際にも，国民経済バランス作成の有力な考え方として引き継がれた。

とはいえ，バランス原理のこの確認に対して，当時，計画作成当局や関係機関の積極的支持があったわけではない。むしろバランス法は，種々の計画法の1つにすぎないとする認識が一般的理解であった。本章で取り上げる中央統計局（ЦСУ：Центральное Статистическое Управление）作成の「1923/24年バランス」は，このことを裏打ちする統計表である。この国民経済バランスは，世界で最初のバランス，経済計算としての歴史的意義をもつ統計表であるが[5]，今日の時点から見るとバランス法を含む諸計画法についての雑多な理解が混在した統計表であった。その意味でこの国民経済バランスは，「矛盾の統一物」であった。このバランスは，次の欠陥をもっていた。第一にそれは過渡期の経済を対象としていたにもかかわらず，諸階級，諸ウクラードの表示，要するに社会的側面の表示を欠き，当時の政治・経済課題に応える資料を提供し得なかった。第二に再生産過程を「もの（生産物）」の流れと同一視し，そのためにこの国民経済バランスはバランス表ではなく（中央統計局自身が言明したように）取引一覧表（оборотная ведомость）であり，「経済過程の重要な諸要素一切の有機的連繋を表現するものと言えなければ，単純再生産が行われたのか，拡大再生産が行われたのかを確認」することもできない内容の統計表であった[6]。

バランスにこのような欠陥がもたらされた背景には，国民経済バランスを支える方法論の脆弱さがあった。バランス作成に直接たずさわった П. И. ポポフ（П. И. Попов），Л. リトシェンコ（Л. Литошенко）の再生産論理解は次節で詳しく検討されるが，形式的かつ一面的であった。また現実経済を分析する姿勢，分析を推進する理論が脆弱であった。このことは「1923/24年バランス」の実質的価値を貶めた最大の理由である。

当時のソ連経済はネップ経済の定着，引き続く工業化と農業集団化の5ヵ年計画を前にしていたが，全体として混沌とした状況下にあり，現実経済の統計的反映が困難を極めた。しかし，ここで問われなければならないのは，国民経

済バランス作成者に客観的現実の統一的，構造的把握の姿勢があったかどうかである。

　この第1期の国民経済バランスの主要テーマは，経済計算の尺度に関する問題，国民所得計算の理論的問題であった。しかし，経済学分野で支配的であった「経済学死滅論」の影響は色濃く，個々の経済学的カテゴリーの吟味は不十分であった。経済計算は労働計算では不可能であり，貨幣計算で行われなければならないとの認識は萌芽として存在したが，その理論的根拠，すなわち過渡期経済の商品＝貨幣関係，価値法則の存在根拠と作用範囲は経済学的に解明されなかった。そこでは経済の釣り合いが労働支出の法則によって達成されるとの楽観的展望，かつ計画の内容を労働支出法則の貫徹の予測とする思想（計画＝予測）が大前提となっていた。また国民所得の理論的範疇規定はもとより，生産部門と不生産部門との区別を理論的に検討しなかったため，国民経済バランスには国民所得の生産，分配，再分配のメカニズムの表示が十分でなかった。これらの諸事情は，過渡期の経済学体系の構築が緒についたばかりであったこと，ゴスプラン（ГОСПЛАН：Государственный комитет по планированию［国家計画委員会］）等の計画機関が現実経済を分析できる条件を整えていなかったことを示す証左であった。

1-2　第2期　再生産論と均衡論

　国民経済バランス発展史の第2期は，1930年代初頭における均衡論批判の観点からの国民経済バランス作成方法の見直しから，大祖国戦争をはさんで，1957年6月の全ソ統計家会議までの時期である。この時期の特徴は，中央統計局がバランス体系を精力的に作成し，バランス体系の大枠が築かれたことである。すなわち，1930年代末には国民経済バランス体系の基本的構成要素は社会的生産物のバランス，労働資源バランス，国民所得バランスを中心に統合され，その後の国民経済バランスの体系構成の土台が構築され，あわせて国民経済バランス体系のマルクス再生産論による基礎付けが自覚的に追求された。中央統計局の国民経済バランス体系作成の成果としては，1928-30年国民経済バラン

ス体系，1937年から1950年まで使用された国民経済バランス体系とこの体系の改訂作業がある。

　現実の国民経済の再生産過程では重工業優先政策，農業集団化，機械化を中心にその基礎づくりが目標とされた。過渡期を経て，社会主義的生産関係の確立をうたった憲法は，1937年に公布された。しかし，遅れた農業国からスタートした経済にとってこの認識は，それを支える生産力の脆弱性ゆえに，主観的なものであった。求められていたのは，再生産の円滑な循環を保証する生産力基盤（近代的大工業の創出）の確保であった。

　重工業優先の経済発展に向けた計画化方針の提唱は，国民経済バランスの分野では「蓄積」を反映する指標重視の課題として受けとめられた。中央統計局に設置された国民経済バランス部特別委員会に提出された文書「国民経済バランス作成の方法に関する諸問題」で，A. И. ペトロフは国民経済バランスがK. マルクス（K. Marx）の拡大再生産表式に立脚すべきことを強調した。以後，国民経済バランス体系の「生産および消費の総括バランス」は，「1923/24年バランス」と較べ拡大再生産の表示に関して改良がはかられた。具体的に言えば，前者のバランスはその表頭で生産物が生産財と消費財との二大部門が範疇区分され，表側では拡大再生産における蓄積の役割を反映する「基本フォンドの増加」項目が設定された。さらに「社会的生産，消費および蓄積のバランス」では蓄積フォンドが在庫一般から区別され，前者は生産的固定フォンド，未完成建設，原材料・燃料の在庫，不生産的固定フォンドなどに詳細化され，拡大再生産の物的源泉が読み取れるようになった。

　マルクス再生産論は，国民所得を示す基礎理論とされた。社会的生産の生産部門と不生産部門との区分，社会的労働の生産的労働と不生産的労働との区分は，30年代の国民所得の物的概念が確立するとともに明確になった。「1928－30年国民経済バランス体系」では商業従業者，信用機関従業者の労働が本源的所得に組み込まれるなど未熟な部分があったが，30年代の後半にこのような曖昧さは解消された。1950年の国民経済バランス体系では，国民所得統計は物的生産の概念で作成された。そのことの延長で国民所得生産額の算定に関し，価

値に接近した価格設定の新たな課題が提起され，国民所得論と価値論との関連についての理論的考察が意識的に追及された。

　以上のように第2期の国民経済バランス論は社会主義的拡大再生産と結合され，マルクス再生産論と関わる議論が展開された。しかし，理論の具体的経緯を振り返ると，その内容はマルクス再生産論の字義的解釈が中心であり，再生産論との関わりで現実の経済を分析する姿勢は乏しかった。マルクス再生産論は，この時期の経済建設の当面の課題が革命前の資本主義経済の達成水準への復帰である，との認識を支える理論として位置づけられた。しかし，マルクス再生産論が現実の再生産過程を認識する理論的導きの糸となり，国民経済バランスの基礎理論となったかといえば，両者の隔たりは大きかったと言わざるをえない。理論と現実との乖離は，戦後50年代半ばを過ぎるまで克服されず，国民経済バランス論の発展の軛となった。

　30年代の国民経済バランス論のもうひとつの課題は，均衡論批判であった。バランス法は長期の全国計画（5カ年計画）および重化学工業優先による拡大再生産と結合され，均衡論批判の道筋がつけられた。この道筋は国民経済バランスの原理，すなわちバランス法と諸計画法，とりわけ「指導的環の理論」と結合する方法を具体化する過程にほかならなかった。このこととの関連で注目しなければならないのは，30年代以降の国民経済バランス論はそれを構成する諸表を単一総合バランスに統合する課題を抱えていた点である。この課題は，戦前と戦後の二度にわたるストルミリンによる表式の提起を経て1つの解決の方向をみた。単一総合表式の作成の背後にあったのは，全国的規模での重化学工業優先の国民経済建設の要請があった。ストルミリン表式をめぐる論争では，国民経済の再生産過程の統一性を強調し，国民経済バランスを単一総合表式として構成するストルミリンと，これに反対し再生産過程が多様であるとの認識のもとに国民経済バランスが「諸表の体系」として編まれなければならないと主張する論者との対立が浮き彫りとなった。論争は国民経済の循環と構図をどのように描くかという問題，またサービス部門の再生産に果たす役割の評価をめぐる問題と関わる方法論的対立として展開された。それとともに総合表式を作成する際に

諸表を統一する尺度に何を求めるかという問題，社会的総生産物の大きさの算定をどのように行うのかという技術的問題なども多角的に論じられた。ストルミリンの構想は，国民経済の構造を工場内分業のアナロジーとして把握するもので，図式的，機械的であり，それゆえに観念的であった。これに対し，反対論者は『資本論』2巻の再生産論の文言を無批判的に国民経済の再生産分析に援用することに終始した。一連の論争を経て，一方でストルミリン表式には後述のように経済の均衡論理解の要素を有すると評価され，他方でこの時期に中央統計局でその重要性が再確認されたバランス原理が総合表式作成にいかされることはなかった。ストルミリン表式にせよ，それに反対する論者にせよ，現実の経済を分析するための再生産論を構築することができなかった点で共通していた。

1-3　第3期　国民経済バランス体系の確立

第3期は国民経済バランス体系が全ソ統計家会議で採択された1957年以降である。この時期の国民経済バランス作成に関する特徴は，国民経済バランス体系の確立と部門連関バランスの登場に要約できる。

第二次世界大戦後，国民経済バランスは中央統計局国民経済バランス部によって作成，公表された。その枠組みは1950年国民経済バランス体系で，この体系が1957年まで利用された。

上記の全ソ統計家会議は1957年6月に開催され，国民経済バランスの方法論的諸課題について活発な討論がなされた。席上，中央統計局国民経済バランス部長 B. A. ソーボリ（В. А. Соболь）は新しい国民経済バランス案を提出し，会議はこれに若干の修正を加えて承認した。ソーボリの案には，2つのポイントがあった。第一は，「社会的生産物の生産，分配，蓄積のバランス」を改善すること，第二は，マルクスの『ゴータ綱領批判』（*Kritik des Gothaer Programms*）の考え方に依拠した，主要経済部門別に作成される社会的生産物の再生産に関する表の新設であった（詳しくは第3章91ページ）。

この時期には，上記の国民経済バランス体系の確立とともに，部門連関バランスの登場が計画論への数理的方法の導入とともに登場した[7]。部門連関バラ

ンスおよびそれを活用した部門連関バランス分析は，いわゆる産業連関表あるいは産業連関分析とその形式で同類の統計表である。両者は部門分類の原則などで，若干の差異があるものの，同一物と考えてよい。統計表としての部門連関バランスの構成，直接支出係数，総支出係数も呼称は異なるものの，産業連関表の投入係数，逆行列係数と同一であり，最終需要を所与とし逆行列係数を使って部門ごとの均衡産出額を計測する手順は部門連関バランス分析でもそのままである。

　部門連関バランスの登場には，客観的経済的根拠があった。それはこの時期に経済構造の変化にともない工業部門の相互連関が強まったことである。特殊歴史的条件のもとで要請された重化学工業優先の蓄積方式は農工間の不均衡的発展などいくつかの矛盾を生み出し，この蓄積様式は大祖国戦争後，修正を余儀なくされた。消費財部門の発展を考慮した国民経済建設路線の部分的採用，従来型の全国縦断的重化学工業優先の蓄積様式の改編が進められた。こうした事情を反映して，国民経済バランスの分野では部門間の生産的連関を表示する形式が体系的に取り込まれるようになった。

　部門連関バランス登場には象徴的な意味があった。それは経済の計画化に数理的方法を積極的に導入する契機となったこと，また統計学における数理統計学の受容に先鞭をつけたことである。計画化における数理的方法の扱い，数理統計学の位置づけに関しては，先行研究がないわけではなく，研究者としては Л. B. カントロヴィッチ（Л. В. Кантрович），В. С. ネムチノフ（В. С. Немчинов），В. В. ノヴォジロフ（В. В. Новожиров）がつとに知られていた[8]。しかし，マルクス経済学が支配的なこの国の研究環境で，その評価は高くなかった。そうした状況が一変して，数理計画法，数理統計学の研究が堰を切ったかのように進んだのがこの部門連関バランス登場の1960年代以降である。そうした状況は海外でも驚きをもって迎えられた。アルフレッド・ゾーバーマン（Alfred Zauberman）は，この状況を整理して，1975年に著書『ソヴェト経済学における数学革命』[9]を公にした。

　部門連関バランスの登場は，一部の論者によって国民経済バランスの分野に

新境地をひらくものとして歓迎された。部門連関バランスを従来の国民経済バランス体系に代わるものと評価する傾向もみられた。このような論者は，国民経済バランスの単一総合表式を追及する考え方の，またソ連経済を「単一の工場」ととらえる考え方の系譜（「社会主義的」再生産の統一性の一面的強調は「1923/24年バランス」，ストルミリン表式の系譜）にある。今日の時点で顧みればこうした傾向は，部門連関バランスの過大評価である。マルクス経済学一辺倒であったこの国の経済学の反動ともいえる。

1-4　小括

国民経済バランスの歴史をたどると，そこに二本の流れがある。第一は国民経済バランスを単一総合表式にまとめようとする考え方の系譜である。この考え方は「1923/24年バランス」からストルミリン36年表式を経て，部門連関バランスへとつながる。第二は国民経済バランスを「諸表の体系」として示す考え方の系譜である。この考え方によれば，国民経済バランス体系は農業，工業[10]の重要な生産物の個別物材バランス，財務バランス，労働バランスなどの「諸表の体系」として存在しなければならない。それを要約して単一総合表式を作成することは現実的でない。

二本の潮流は国民経済バランスのあり方に関する問題への接近の仕方の相違にとどまらず，商品＝貨幣関係の理解，社会的総生産物の評価などの諸点でも，異なった見解を示した。単一総合表式を重視する論者は社会的再生産を「単一の企業」とみなし，商品＝貨幣関係，価値関係を機能的に解釈し，社会的総生産物を「工場法（заводский медод）に基づく総生産高指標」ではなく，「国民経済的方法に基づく総生産高指標」で測定すべきことを主張した。その延長で，国民経済バランスを単一総合表式として理解する客観的根拠を国民経済の「再生産としての統一性」に求め，価値概念の役割を再生産の多様性を反映した諸表統合の尺度に認めた。他方，国民経済バランスを「諸表の体系」と考える論者は再生産の統一性よりも多様性に関心をよせ，商品＝貨幣関係を現実の市場における実質的交換関係として理解する立場をとった。再生産と商品＝貨

幣関係に対するこの理解は，国民経済の基礎的生産単位を企業とみなし，企業間の市場的結合を中心に国民経済の構造を理解する。社会的生産物の評価には，この観点から「工場法に基づく総生産高指標」が推奨された。

国民経済バランスの歴史の回顧からわかることは，その作成のための社会科学の理論の弱さである。ブハーリン経済学に依拠し，マルクス再生産論から再生産の均衡条件を抽象することに終始した「1923/24年バランス」の作成者（ポポフ，リトシェンコなど）の再生産論は，その典型であった。後述のようにそこでは再生産論の『資本論』全体系に占める位置，再生産表式分析の論理次元は，等閑視された。再生産過程の分析が資本制生産の分析を対象とした『資本論』に依拠できるのか，依拠できるとすれば，どのようなものとして可能なのかといった論点への配慮にも乏しかった[11]。

第2節　国民経済バランス作成以前の計画法

2-1　計画法としてのバランス法

前節で見たように，バランス法は統計と計画化の主要な方法のひとつと考えられた。本節ではこのバランス法とは何か，その特徴と内容とを示す。そのために，まずバランス法の確立過程を解説し，次いで計画化に果たしたバランス法の役割を明らかにする。

1917年10月のロシア革命後，ソヴェト政権およびロシア社会民主労働党（1918年3月，ロシア共産党と改称）は，経済発展の遅れたロシアの歴史的改造に取り組んだ。ソヴェト政権がそのために行った政策は，土地所有の国有化（11月8日），中央発券銀行の占拠（11月7日），株式銀行の国有化（12月27日），商船舶の国有化（1918年2月5日），貿易の国家独占（1918年4月22日）など国民経済の官制高地と主要産業の国有化であった。これら一連の政策措置は，国民経済改造の前提条件である発展路線を確立することにあった。計画目標設定の方法とそれを実現する措置，国民経済の具体的な管理・運営方式は，緒に

ついたばかりであった。

　バランス法は1919年，最高国民経済会議の総管理局が第一次生産計画を作成したときに初めて計画化に採用された。国民経済の管理・運営の客観的条件が整っていなかったこともあり，バランス法適用の対象範囲は制限された。バランス法の適用は，鉄鋼，石炭などの主要な生産物，労働力に関連した統計にとどまった。中央統計局およびその地方機関であった県統計所（Губстатбюро）は，1922～23年食糧および需給バランスの作成を担当した。それは単純な需給バランスであった。この種のバランスは個別企業の簿記バランスと大差なく，国民経済全体の計画化の方法とはほど遠いものであった。

　バランス法が科学的方法として意義をもつには，国民経済の計画化と経済発展の基本路線＝工業化の確立という方針の明確化が必要であった。経済建設にふさわしい計画法としてのバランス法が定着したのは，バランス法と国民経済の再生産過程との関連が問題とされるようになってからのことであった。

　バランス法が生産物の単なる需給を示すものから経済建設に役立つ方法となるまでには，紆余曲折があった。この事情は，ゴエルロ計画を検討すると明らかになる。

　ゴエルロ計画は1918年，電化を基礎とした重工業の発展計画であった。レーニンは論稿「単一の経済計画について」のなかでゴエルロ計画を「あらましの，大ざっぱな，誤りのある計画，『最初の接近としての』計画にすぎないが，……真の科学的な計画」と位置づけた。ゴエルロ計画で構想された計画の基本理念は，電化を指導的環（ведушее звено）としながら，バランス法，専門家の見積り，変案法（вариант метода）といった計画の諸手法を有機的に関連させることであった。特に重要なのは，指導的環とバランス法との連繋であった。指導的環とは「それをつかめば鎖全体をおさえることができ，次の環への移行をしっかりと準備できるような，特殊な一環」である。ゴエルロ計画ではそれは電化であった[12]。

　ゴエルロ計画では電化の物材バランスと財務バランス，電化を基礎とする工業，農業，運輸，その他の国民経済諸部門のバランスが作成された。

バランス法を指導的環と結びつけ，全国的規模の計画に採用する考え方は，ゴエルロ計画がその成果をあげるなかで高く評価された。電化による工業化の構想は1918年から1921年にかけての戦時共産主義によって一時中断されたものの，その後ネップに入った1921年2月，労働国防会議のもとに世界最初の中央計画機関であるゴスプランが設置されて以降，国民経済の計画化のプロセスで本格的に具体化された。

ゴエルロ計画は最初の単一の全国計画として，また科学的見通しにたった長期計画として歴史的意義をもつ。しかし，当時から指摘されていた難点は，長期計画を多年度に振り分ける年度計画が欠如していたことであった。ゴスプランの活動はその初期においては1921/22年食糧計画，1921/22年工業計画といった短期的な部門別計画をもっていた。やがて，単一の総合計画の要請とともに，国民経済計画化の関心は短期総合（国民経済）活動に向けられた。国民経済の各部門間の釣り合い関係を表示する単一総合計画のための国民経済バランスが必要である，との認識がこのなかで醸成された。

ゴエルロ計画が示したように，国民経済の改造は大工業を基礎とした経済発展の路線として示されなければならなかった。単一の全国計画として打ち出された電化計画の遂行と一体になった近代的大工業の創出政策は，全国的規模での経済計画の中心課題となった。バランス法は，この国民経済の改造過程の産物であった。この過程で第一に電化＝工業化の経済課題はバランス法の不可欠の前提である，との認識が定着した。第二に全国的規模での単一計画の構想のなかで，バランス法は重要生産物の需給バランスから中央統計局の国民経済バランスの作成に利用されるにいたった。国民経済計画化の道具として採用されたバランス法の基本性格は，この過程で与えられた。

2-2　種々の計画法と統制数字

ゴエルロ計画が展望したのは，第一次5カ年計画期以降の工業化路線，すなわち重化学工業の優先的発展の政策によって経済の発展をはかるという構想であった。ただ，この構想は当時の計画論者の間で必ずしも支配的でなかった。

農業の発展こそが工業の発展を主導するという考え方は,アンチテーゼとして他方に根強く存在した。このような主張をする論者は,経済の発展路線を農業,軽工業,重工業の順序で想定した。たとえば,戦時共産主義の経済過程を復興過程（вастановительный процесс）としてとらえた В. Г. グローマン（В. Г. Громан）は,この時期の課題を農業と工業の戦前の生産力水準と戦前の経済的諸関係の回復に見たし,また減衰曲線の理論で有名になった В. А. バザロフ（В. А. Базаров）は一度不均衡に陥った社会経済現象を時間の経過のなかで,再びもとの安定均衡の状態に戻す農村の復興過程の道筋を展望し,クスターリの工業化,農村での小規模工業の建設を主張した。

　グローマン,バザロフのこのような考え方の影響力もあって,バランス法が計画法の体系に占めるウエイトは高くなかった。計画法として専ら推奨された方法は,彼らの提唱する静態的係数法および動態的係数法（экстраполяция по статическим и динамическим коэффициентам）であった。静態的係数法とは1913年の農業と工業の生産高の比率を37：63として,これを経済の安定条件とし,この比率の達成を計画化の基準とみなす方法であった。動態的係数法は計画年度に先立つ1921年からの発展比率を計画年度に外挿して計画の目標を定める方法である。静態的方法は革命前のロシアに存在した統計上の規則性を将来の国民経済の発展に適用するものであり,そもそも計画法といえるものではない。計画年度に先立つ数年間の発展比率を計画年度に外挿する動態的係数法は資本主義諸国で景気予測の手段に使われた方法である。この方法は過去のトレンドを将来にあてはめるので,計画は予測に矮小化される。静態的係数法,動態的係数法では,全国的規模の諸産業部門間の構造的釣り合いは実質的な問題とされなかった。

　これらの方法では経済の発展路線の戦略と計画法との結びつきは,安易に考えられていた。計画化初期の段階では,バランス法はこのような静態的係数法,動態的係数法といった他の方法と並存していたにすぎなかった。バランス法が科学的方法として確立するまでには時間の経過が必要であった。既述のように,指導的環の理論と結びついたバランス法の基本性格は,計画実践その科学性が

検証されるなかで確立した。それは，最初から普遍的，絶対的方法であったわけではなかった。

バランス法が計画法の中心に位置するにいたるまでの方法論上の混迷は，当時の経済の現状認識とそれに適合的な計画への提言との間に大きな落差があったことの証左であった。バランス法が計画法の主要な方法と認知されるのは，単一の全国計画の作成が計画担当機関であるゴスプランの作業日程にのぼるようになってからであった。もっともゴスプランといえども「どれを正統の計画機関にし，誰を計画機関の長にするかについて……意見の対立があった」[13] レベルからスタートしたのであり，当初から単一の全国計画を作成する充分な力量を備えているはずもなかった。それでも「危機的な政情と国民経済の低い社会化に制約されて，当面のきわめて部分的な措置の立案に奔命させられていた」[14] ゴスプランは，第13回党大会（1924年5月），第14回党大会（1925年12月）の重化学工業発展政策の方針確立以降，国民経済全体の計画化に活動の重点を定めるようになった。

ゴスプランの単一総合計画作成は，1925/26年国民経済発展統制数字（контрольные цифры развития народного хозяйства на 1925/1926）[15] に始まった。この統制数字は年度計画の草案として作成され，その主要な目標を示すものであった。1931年までの数値指標の一覧表であった1925/26年統制数字は動態的係数法と専門家の見積り，戦前の数値資料との比較であった。Л. Д. トロツキー（Л. Д. Троцкий）はこの統制数字の完成を「レーニンの精神がこれらの無味乾燥な数字のうちに躍動し続けている」[16] と評したが，1925/1926年統制数字に対するこのような楽観的な肯定はその当時にあっても例外であった。1925/26年統制数字に対する，Г. Л. ピャタコフ（Г. Л. Пятаков），労働国防会議のГ. Я. ソコリニコフ（Г. Я. Сокольников），リトシェンコの批判こそが，時代の空気を反映していたといえる。批判の眼目は統制数字が数字の体系として示されずその単なる羅列にとどまっていた点に，また目標として掲げられた計算数値の過大性と楽観主義にあった。

統制数字の基礎となる計算方法に論及し，それが経済変革的性格をもたない

ことを指摘する論者もいた。1925/26年統制数字の算定に携わったストルミリンは穀物収穫量の過大評価，穀物輸出の計画との不一致，計画実践の効力の弱さを認めていた[17]。ストルミリンは，数字の羅列との批判に対しては統制数字のバランス的性格を強調し[18]，目標が過大であるとした最小限主義者（минималист）に対しては示された数字が官庁の見積りを正確にしただけで過大どころか低めである，と反駁した[19]。ストルミリンの反批判は一般論としては妥当であったが，統制数字の基本性格を経済構造の変革，産業構造の転換，社会セクターの増大と結びつけて論じていない点で，これも一面的であった。

全体として，1925/26年統制数字は，計画数値の設定としては未成熟であった。その最大の理由は，統制数字が計画の展望を示す内容をもたなかったことにあった。「国民経済が拡大再生産の過程をたどっている場合，経済計画は一年度だけの短期をとるのみでは不十分であり，まず5か年の長期にわたる展望計画（перспективный план），さらに全体計画（генеральный план）が前提されなければなら」[20]なかった。

統制数字はその後，1926/27年統制数字が同じ静態的係数法，動態的係数法によって作成された。さらに1927/28年統制数字が作成された。統制数字が依ってたつ方法のゆえに，統制数字による経済の計画化は科学的計画法といえる代物ではなかった。最大の難点は計画の目標数値の設定が市場の自然発生的要因に従属的であった点である。とくに農業分野について計画化が及ぶ範囲は租税，価格の作用，機械供給等の間接的働きかけに限られていた。

しかし，これらの統制数字以降バランス法が前面に出てくるとともに，設定された目標数字が年度計画に活かされるようになった点は記憶に留めておくべきであろう。すなわち統制数字は目標としてのガイドラインの性格を脱却し，指令的性格をもつようになり，とくに当該年の経済課題（従来の工業化のテンポの遵守，労農同盟の強化，国防力の増大）に関連した一連の質的指標——たとえば3つのウクラード（社会主義経済，協同組合，私営）の生産高，商業取引高，資本の配分——が多く取り入れられるようになった。こうした状況があって統制数字は1926/27年のそれからは，第一次5カ年計画が前提となり，長

期計画との関係で考慮されるようになった。このことの理解は，重要である。

1927/28年統制数字の作成者は，国民経済の急速な発展を意図した方針のもとで，工業の一層の進展，農民の協同組合化，農業集団化を意識せざるをえない状況にあり，静態的係数法ないし動態的係数法の制約を克服する萌芽がここに見られた。国民経済の社会化部門の増大に呼応して単一の総合計画の作成が日程にのぼってくると，静態的係数法と動態的係数法が計画法の重要な役割を担うことは不可能であり，それとともにバランス法はこれらに代わる方法としてクローズアップされた。

第3節 「1923/24年ソ連邦国民経済バランス」の作成経緯

3-1 その登場

国民経済の再生産過程の全体的表示を目的とした統計は，中央統計局の「1923/24年バランス」を嚆矢とする。既述のように，穀物，エネルギー等の重要な生産物の需給を示す個別物材バランスは，これより前から作成されていた。また，電化に基づく国民経済の復興，発展を意図したゴエルロ計画は，電化の物材バランス，財務バランスを採用していた。「1923/24年バランス」はバランス法の意義がゴエルロ計画のなかで徐々に定着しつつあったその延長で，国民経済のすべての産業分野に及ぶ統計表の作成という要請を受けて登場した。くわえて，「1923/24年バランス」が公表された時期は，国民経済の確立のために工業の発展に先立って農業の発展に重点をおかざるをえなかったネップの第1期を経て，重心が工業に移った第2期に相当していた。この点にも注目しなければならない。この時期には都市と農村の工業製品の需要に対して，供給の不足が目立ち，食品飢饉が生じ国民経済の不均衡が顕著であった。1919年1月，統計家第1回ソビエト大会の席上，中央統計局長 П. И. ポポフは「そのすべての部局の作業に基づき，統計局は国民経済全体および個々のバランスを作成しなければならない」と発言し[21]，国民経済バランスの開発が中央統計局の任務

であると提言した。

1920年，中央統計局に国民経済バランス部（отдел баланса народного хозяйства）が設置された。計画を直接担当していたゴスプランは中央統計局以上に国民経済バランス作成に期待をかけていた。1921年，ゴスプランは「1921/22年国民経済バランス」表式を作成してこれを統計数値で埋めるよう中央統計局に依頼した。しかし，中央統計局の作業は期待どおりに進捗しなかった。この間，国民経済バランス作成の意義を強調する意見が繰り返された。たとえば，1924年3月11日，ゴスプラン幹部会会議議長 А. Д. ツュルパ（А. Д. Цюрпа）は次のように発言している，「根本的なもの，計画作成にあたってそこから出発しなければならないものを見つけることが最も重要である。その根本的なものとは国民経済バランスである」と。また，ストルミリンは1923年4月のゴスプラン総会と1924年10月のゴスプラン幹部会で，それぞれ「国民経済バランスの計算方法について」「ソ連邦における計画方法について」と題する報告を行い，国民経済バランス作成の必要性とその意義を力説した。1924年7月21日，労働国防会議は，中央統計局に対して「1923/24年バランス」を作成し，それをゴスプランに提出するように命じた。中央統計局は当時「大きな統計施設をもっており，この目的のために1万人の統計学者の労働を利用することができた」[22]ようであるが，仕事の一般的な概要が「経済生活（Экономическая Жизнь）」紙に紹介されたのは8カ月を経過してからであり，国民経済バランスが発表されたのはさらに1年後の1926年であった。

「1923/24年バランス」を作成する作業が手間取ったのは，第一に国民経済バランス作成の方法論に関連し，マルクス経済学を標榜する論者とバザロフ，グローマンらとの間に対立があり，このことが具体的な表式の作成と数字の充填に影響を及ぼしたからであった。バランス作成に携わった研究者は，その方法論的基礎をケネー経済表とマルクス再生産表式に求めた。均衡論の払拭が課題のひとつとであるとの認識は少なからずあったものの，実際にはその影響は強固であった。均衡論の是非をめぐるこの論点は，その後の国民経済バランス作成過程でも再三，蒸し返された[23]。

第二の理由として，経済計算の方法に関連した論争が長引いたことがある。国民経済バランス作成の障害になった当時の支配的見解として，貨幣単位に基づく貨幣計算は労働計算に代わるとした貨幣死滅論（たとえば，З. С. カツェネレンバウム（З. С. Каценеленбаум），ストルミリン）があった[24]。この考え方は，戦時共産主義という特殊な条件下の統制経済を無政府的な商品生産の止揚，計画生産への移行と誤認し，この理解から観念的に導出された商品＝貨幣関係の消滅論に立脚していた。物的富の再生産過程を国民経済バランスに反映させる場合，貨幣表示が不可能であるならば，それに代わる測定単位が必要であった。ストルミリンはこの単位を（最下級）労働者の1労働日にすべきと主張した。この見解は，非現実的であった。そのことはネップへの移行にともなう貨幣の復活，市場の復活とともに明らかになった。当時，必要であったのは，貨幣制度の確立，貨幣価値の安定であった。経済計算には貨幣表示が前提されなければならず，国民経済バランスも貨幣表示でなされなければならないとの現実的認識は，次第に定着した。とはいえ，現実は破局的インフレーションの様相を呈し，貨幣価値は不安定であった。このことがあって，国民経済バランス作成は，1922～24年の通貨改革まで手がつけられない状態であった[25]。

以上のような紆余曲折があったものの，世界で最初の国民経済計算，国民経済バランスは1926年に現実の表として産声をあげた[26]。完成にいたる過程の理論上の対立と過渡期の経済の混乱と不均衡を反映し，「1923/24年バランス」はそれ自体「矛盾の統一物」であった。次節以降，この「1923/24年バランス」の内容を詳しく紹介し，検討する。

3-2　その内容

「1923/24年バランス」は，中央統計局「叢書第29巻」として公表された[27]。叢書は2部からなり，第Ⅰ部で国民経済バランスの解説がなされ，第Ⅱ部で国民経済バランスの統計表が掲げられている（34-35ページの〈付〉参照）。第Ⅰ部の理論的解説の部分では基礎的方法論，資本（капитал）[28]の算定法，部門生産物の生産と分配が説明されている。第Ⅱ部の統計表では「資本構成表」「国

民経済バランス」「国民所得表」の3つの基本表のほかに,農産物28品目,木材産品2品目,大衆消費用工業製品8品目の合計38品目の個別物材バランスなどが掲げられている。

　この項ではポポフの「序論」により,この国民経済バランスの理解を深める。

　ポポフは「序論」で国民経済バランスの課題を確認し,理論的基礎としてのケネー経済表とマルクス再生産表式を解説し,K. バロッド（K. Баллод）,T. ソートニク（T. Сотник）らの計画論の批判を行った。ポポフによれば,国民経済バランスの課題は,与えられた具体的歴史的条件のもとでの国民経済の均衡と均衡崩壊とを示すことであった[29]。ポポフは再生産を,生産物の生産と分配との統一という側面から理解した。国民経済の均衡とポポフが言うとき,それは再生産の均衡,生産物の生産と分配の均衡のことであった。再生産を規定する諸階級などの要因は,生産物の物的体系の外皮と位置づけられた。ポポフはこの事情を,次のように述べている,「統計操作としてのバランスはどのような形態で所与の年に生産と分配の過程に国民経済の均衡,あるいは均衡の崩壊が達せられるのか,生産と分配の所与の体系のもとで,社会の相異なる経営と諸階級の経済的相互関係が設定されるかを示す目的を持っている」と[30]。この見地はバランスを再生産均衡と同義に扱い,しかも国民経済の再生産構造をもの（生産物）の流通として一面的にとらえていた。M. З. ボール（M. З. Бор）は当時の思想状況を回顧しながら,「（「1923/24年バランス」における——引用者）バランスの観念は……（それを）社会主義建設との闘争に利用しようとしたバザロフやグローマンの名と結びついていた」[31]と述べ,このバランスが市場均衡論の影響のもとで作成されたと指摘したが,ボールのこの指摘はポポフによるバランスの課題設定に対する考え方にも向けられるべきであった。

　ポポフの説明には,バランスに社会的諸関係の再生産の側面を反映すべきとする言及がないわけではないが,それは再生産の外的条件として付与されると述べられるにすぎず,生産関係（実質的階級関係）が再生産を構造的に規定するとの理解は乏しかった。過渡期の経済構造は社会主義的セクターの資本主義的セクターへの浸透として特徴づけ,両者の経済的性格は生産物実現の相違

(市場を通過するか,計画的にか)に矮小化された。ポポフはバランスの任務について次のように約言している,「毎年作成されるバランスの課題は,『社会主義的』諸要素がその具体的国民経済的諸関係へ浸透する過程を跡づけ測定すること,均衡が維持され,崩壊する条件を研究することにある」と[32]。ここでは二点の言及がある。すなわち,国民経済バランスの課題は,第一に社会主義経済の再生産を規定する個々の諸要素が国民経済でどのような役割を果たすのかを詳細に反映することであり,第二はこの反映を生産と分配の均衡条件のなかに示すことであった。

当時,マルクス経済学者の間に蔓延していた均衡論的経済観は「1923/24年バランス」の方法論上の最大の欠陥であった。バランス作成者は,バランスの方法論的基礎がマルクス再生産論でなければならないとの共通理解に立っていたにもかかわらず,マルクス再生産論の方法とは無縁である均衡論の強い影響を蒙っていた。バランスは均衡と等置され,表の形式は本質的に取引一覧表にすぎなかった。均衡論——経済的諸過程の研究の自然的接近（натуралистический метод）[33]——によるのでは計画課題を正しく実践に移し,社会的再生産の諸過程の現実的な認識に到達することはできない。社会的再生産論を均衡論で読み替えて解釈する論者に共通していたのは,ソ連経済の再生産過程と資本主義経済のそれとを超歴史的観点から同一視することである。この姿勢は,グローマン,バザロフのそれに典型的であった。彼らの発想,論旨の単純さとわかりやすさは,過渡期経済に対するロマンチックな発想に根拠をもち,それは計画実践とバランス作成の弊害となった。この点は後に,Т. В. リャブーシキン（Т. В. Рябушкин）によって次のように評価された,「グローマンにとって社会主義と資本主義の闘争に関する問題,どのようにしてその闘争は国民経済バランスに反映を見出さなければならないとする問題を設定しえなかったことはまた,偶然ではない」[34]。「1923/24年バランス」はこのような複雑な思想状況の産物であった。リャブーシキンの指摘するとおり,「バランス論の基本的命題の形成は,政治経済領域とイデオロギーの領域における激しい闘いの中に生まれ」た[35]。

3-3 その経済理論

ポポフは，国民経済バランスの理論的基礎をケネー経済表とマルクス再生産表式に求めた[36]。そこでは1758年と1766年に公表されたケネー経済表が紹介され，両者の意義を生産と分配の基礎上に成立する社会関係を具体的数字で表現したことに見た。ポポフの関心は，既述のように，生産と分配の均衡にあった。ケネーの第一表式から第二表式への進展について，ポポフは前者では継続的な売りと買いとが表式の基軸的媒介の役割を果たしていたと強調し，後者ではこの売りと買いとの図式は後退し，生産と分配の全体的均衡の側面が強調されるにいたったと述べた。マルクスは『剰余価値学説史』でF. ケネー (F. Quesnay) の経済表について次のように述べている。「(ケネーの——引用者) こうした試みは，資本の生産過程全体を再生産過程として説明し，流通を単にこの再生産過程の形態として，貨幣流通を資本の流通の一契機としてだけ説くと同時に，この再生産過程のうちに，収入の源泉，資本と収入とのあいだの交換，再生産的消費と最終的消費との関係を含ませ，また資本の流通のうちに消費者と生産者とのあいだの (実際には資本と収入とのあいだの) 流通を含ませ，最後に生産的労働の二大区分すなわち粗生産と製造工業とのあいだの流通をこの再生産過程の契機として説明し，そしてこれらすべてのことを，事実上つねに6つの出発点または復帰点を結ぶ5本の線だけから成る1つの『表』で——経済学の幼年期である18世紀の第二の3分の1期において——説明しようとする試みであったのであり——こうした試みは，実に天才的な，疑いもなく最も天才的な着想であったし，それ以来，経済学がそのおかげをこうむってきたものであった」(強調はマルクス)[37]。

ポポフはこのマルクスの評価を自らのケネーの評価とした。ポポフのマルクス評価の意図は，マルクスによるケネー評価が自らの見地 (ケネー経済表の意義が年間の生産物の分配過程を記述する「方法的側面」にあること) を裏づけると見たからであった。しかし，マルクスによる上記のケネー経済表の評価をよく読めば，その内容はポポフの理解にとどまらないことは明らかである。さ

らに，ポポフによるマルクス再生産表式の吟味には，均衡論の視点が如実にあらわれている。すなわち，ポポフは再生産の円滑な進行を保証する「均衡条件＝生産を管理する法則」を発見したことがマルクスの功績であったと主張し，さらに再生産表式を代数的形態で展開した Н. И. ブハーリン（Н. И. Бухарин）の演算を援用し，「国民経済の安定性＝均衡条件」を代数的表現に置き換えた[38]。これでは，ポポフが評価するマルクス再生産表式の意義は，純粋資本主義の再生産の諸契機を量的表現に還元したことに限定されてしまう。

　ポポフはケネー経済表とマルクス再生産表式の方法論的意義を社会的生産物の分配過程に再生産の均衡法則を明らかにしたことに求めた。このため，両者の理論的内容は単純化され経済表から表式への発展を再生産過程の表記の詳細化の程度としかとらえることができなかった。ポポフ理論の力点は，マルクス再生産表式が資本主義社会の分析用具であるが，その意義が資本主義社会の階級的外皮を剥いだ「社会経済」一般原理の解明にあるとしたことにあった。ここでは「社会経済」一般の原理は，社会主義社会にも，資本主義から社会主義への過渡期にもどの社会にも歴史貫通的に存在すると理解された。マルクス再生産論を均衡論的解釈に終始したポポフは，要するに「社会経済」一般と再生産表式との関係の理解を，均衡が再生産の条件であるとする命題と結びつけ，ソ連経済の分析に応用する手がかりをこの解釈に求めたわけである。

　また，ポポフにあっては表式をマルクスの『資本論』全体系に位置づけることを等閑視したため，表式の抽象性を論理次元のそれとして認識できなかった。資本制生産の法則を引き出すための論理手続きから当面の分析に不純な要因を捨象するマルクスの方法は，ブハーリンやポポフが理解した純粋資本主義の想定と同じではない。再生産の諸局面が均衡していることをもって，資本主義的諸矛盾の不在ととらえるのは誤解である。ポポフの理解では不均衡や矛盾は純粋資本主義には存在しない。均衡を不均衡へと突き崩す要因は，表式の前提として現実の資本主義から予め捨象した信用，外国貿易などである。これでは，資本制生産の内在的矛盾を無視することになり，矛盾を外的要因に求める外因論になってしまう。

以上，ポポフの論旨は（1）ケネー経済表とマルクス再生産表式の具体化として国民経済バランスをとらえ，後者の理論の基礎に前者をおき，（2）ケネー経済表とマルクス再生産表式から均衡が再生産の条件であるとする抽象的命題を取り出し，（3）これを独自の「社会経済一般」のカテゴリーに取り込んで，命題のソ連経済への適用を示す，（4）さらに国民経済バランスの課題が発展するソ連経済に成立した均衡条件の反映であるとし，（5）バランスは具体的歴史条件下の均衡，あるいは不均衡を研究する手段であるということになる。

第4節 「1923/24年ソ連邦国民経済バランス」の批判的検討

4-1 その方法論

ここまでで見てきたように，計画作成方法あるいは国民経済の再生産過程を反映する統計の作成方法としてのバランス法は，この時期，2つの側面をもっていた。すなわち，一方ではバランス法は国民経済の総合的計画化，工業化の政策とともに，計画法の中心に据えられるべきとの考え方がその作成関連組織に浸透しつつあった。ゴエルロ計画の電化を指導的環とする計画の設定は，バランス法を他の計画法と結合して利用する考え方が定着することに役立ったし，工業優先の政策がバランス法に経済変革の内容を付与するとの認識は広まっていた。このようなバランス法重視の考え方は，この方法を国民経済バランスの地位に昇格させる理論的支柱となり，バランス法に一企業の簿記バランスの枠を超える多面的性格を付与した。

しかし，「1923/24年バランス」の方法論に関する記述の紹介から明らかなように，その実際の中身はバランス法の性格を換骨奪胎するものであり，作成過程での中央統計局内部の意見対立を反映して折衷的であった。計画法としてのバランス法がもつ本来の変革的性格は影をひそめ，繰り返し強調された簿記バランスとの差別化はバランス作成の具体的作業過程で事実上，蔑ろにされた。

叢書の「国民経済バランスの作成方法」の項を執筆したリトシェンコは，国

民経済バランスの課題が経済過程の図式的な見取り図，生産過程の現実的な叙述にあると述べ，借方と貸方の相互比較から企業の収益性の目安に使われる企業バランスとの相違を，「収益性」「利潤性」指標の有無に見た。すなわち，簿記バランスでは「収益性」の指標は企業の経済活動の主要な基準であるが，国民経済バランスではそうした指標の設定は合理的ではなく現実的でもない，と。しかし，この基準だけで両者の本質的な相違を論ずることは，問題の所在を曖昧にする。簿記バランスと国民経済バランスとが反映する対象は，それぞれ企業と国民経済の経済活動であり，それらの活動は両者の性格のゆえに異なる。したがって，リトシェンコが簿記バランスと国民経済バランスとの差異性を論ずるならば，組織体としての企業の構造と国民経済の再生産構造の相違に焦点を絞るべきであった。

　しかし，リトシェンコの所説から読み取れる社会的再生産のイメージは，単一の企業になぞらえた国民経済であった[39]。それゆえに，国民経済バランス作成過程に生ずる問題は，簿記バランスの形式的枠内で処理された。リトシェンコの発想の根源は，資本主義的無政府生産の対極に想定される社会主義社会の国民経済の統・一性にあった。リトシェンコは書いている，「国民経済バランスの観念は単一の経済過程としての，国民経済の表象と固く結び付けられている」と[40]。また「取引一覧表を正確に理解するためには国民経済がそこでは物的価値の生産と分配の単一の過程（единный процесс производства и распределения）とみなされることをしっかりと理解することが必要である」[41]。さらに，「国民経済は……様々な種類の生産物をある一定の価格で生産する単一の企業（единное предприятие）とみなされる」[42]。見られるように，国民経済の統一性の強調は，国民経済を単一の企業とみなすイメージと重なっていた。ソ連経済を単一の企業とみなす考え方は，この当時，リトシェンコひとりだけのものではなく多くの論者で共有されていた。リトシェンコの構想の欠陥は，第一に過渡期の歴史性の安易な把握，第二に過渡期経済の現実的把握がないこと，第三にソ連経済と企業ないし工場の組織との同一視であった。安易なソ連経済の構造理解に拠ったリトシェンコがバランス法を国民経済の再生産把握に適用する道筋を示せ

なかったのは, 蓋し当然であった。

4-2 その表示形式

次に「1923/24年バランス」の表示形式, 構成要素を紹介する。「1923/24年バランス」には3つの「基本表」があり, そのなかで最も重要なのは国民経済バランス, すなわち国民経済で経済年度に生産, 分配される物的価値の取引一覧表であった。リトシェンコがその執筆を担当した「国民経済バランスの作成方法」では, この取引一覧表の解説がなされた。表1-1はこの取引一覧表の簡略表である（以下の説明は, 原表による）[43]。取引一覧表の表側には国民経済の諸部門（農業, 工業, 建設業, 出版業など）が並んでいる。表頭には収入と支出の項目が並んでいる。部門分類は, 特殊な工夫がなされた。すなわち, 穀物と牛乳のようにそれらの自立的生産体が存在しない場合は, 両者とも農林業部門に分類され, 木材加工のように一連の生産系列を取り込んでいる場合は木材伐採部門としてバランス表に表記された。ほかに, 原表では運輸, 商業が独立の生産部門として取り扱われた。

表側で問題となったのは部門分類であった。国民経済バランス作成過程で, 現実の経済過程の専門化と協同化とともに生じたのがこの問題であった。論点は2つあり, 第一は表式の部門カテゴリー確定の問題, 第二は実際に生産された生産物をどの部門に振り分けるかという問題である。表頭の生産物の消費は①個人的消費, ②生産的消費（a. 材料資材, b. 燃料, c. 生産手段）の項目に区分され, 個々の生産物の使途目的を記述できるようになっている。第二の問題は同一の生産物が個人的に消費されることもあれば, 生産的に消費されることもあるケースの処理であった。この分類は一国で生産手段と消費財とが, それぞれどれだけ生産されるのかを知るために設けられた。

取引一覧表の収入項目（приходные статий）は, 国民経済の生産物の起源とその大きさを表示する。「1923/24年バランス」では生産量が巨大工場とクスターリとで別々に記載され, これによって国家計画と私的経営との釣り合いとを把握できるとされた。しかし, このような配慮がなされたのは工業部門に関

してだけで，他の部門では経営の類別は行われなかった。「1923/24年バランス」では国民経済は単一の生産過程からなると考えられたし，したがって農業と工業との区分は生産技術的な視点からなされ，農業生産と関係するのは材料の生産だけで，工業的に加工された農産物は自営のものであれ，他の経営者のもとで生産されたものであれすべて工業に含められた。クスターリも工業部門に属するとみなされた。しかし，リトシェンコが指摘したように，このようなやり方では総生産高は現実の総取引額から乖離し，農業と工業の比率関係に歪みがでる原因となる。

収入項目に対する支出項目（расходные статий）には，各生産物の全体量の使用目的に応じた分配が記述される。支出項目の最も重要な部分は，工業部門と農業部門の生産的消費である。生産的消費は表頭にそって，農業部門では全体が1つの数字で，工業部門では工業生産とクスターリ生産とに区別して記入された。工業部門と農業部門に次いで生産的消費を行う部門は建設部門，運輸部門，商業部門である。工業と農業の生産物の一部は運輸部門，商業部門によって生産的に消費されるが，逆にこれらの部門の生産物は工業部門と農業部門の物的支出とはならない。第3番目の物的支出の項目は個人的消費である。項目には個人的消費の主体が農業人口と非農業人口とに分けて記載された。物的支出の残りの項目は集団的消費，外国への輸出，年末の剰余である。部門別の純生産物は収入項目の個人の生産物総額から生産的消費を控除することで得られた。

取引一覧表には固定資本（основный капитал）の状態をあらわす表とエネルギーバランスの表，個々の生産物の現物バランスが付け加えられた。固定資本の表は経済年度の年頭と年末とに存在する生産手段の構成とその価値とが反映され，年間の変化がわかるようになっていた。すなわち，固定資本の表から年間の蓄積の動向を読み取ることができたが，エネルギーバランスには経済年度に存在する動力，実際に生産過程に入った動力が計算された。

このほかに農業生産物のほとんど，工業生産物のうち個人的に消費される重要な生産物について現物バランスが作成された。現物バランスは個々の生産物

表 1-1　1923/24年ソ連邦

生産部門の生産物グループ（農業生産物のための）	国民経済への生産物の流入					内訳			
	生産調達組織における一九二三年一〇月一日付在庫	生産価格による総生産高	輸入	生産価格による国民経済への受入合計	消費価格による国民経済への受入合計	運輸によって生産されたもの	商品循環過程における利益・間接内国消費税	農業	工業
1	2	3	4	5	6	7	8	9	10
a）絶対量（100万チェルボネツルーブル）									
農　業	119	8,921	87	9,127	10,738	246	1,365	3,173	2,549
工　業	1,142	7,626	343	9,111	11,025	404	1,510	468	2,345
建設業	—	853	—	853	853	—	—	202	95
国民経済全部門合計（出版業を含む）	1,261	17,472	431	19,164	22,718	653	2,901	3,843	4,989
（内訳）									
消　費	247	9,008	77	9,332	11,266	…	…	772	508
材料・資材	837	6,611	298	7,746	8,858	…	…	2,302	3,868
燃　料	109	751	7	867	1,339	…	…	36	418
生産用具	68	1,102	49	1,219	1,255	…	…	733	195
b）相対量									
農　業	9.4	51.1	20.1	47.6	47.3	37.7	47.1	82.6	51.1
工　業	90.6	43.6	79.6	47.5	48.5	61.8	52.0	12.2	47.0
建設業	—	4.9	—	4.5	3.8	—	—	5.2	1.9
国民経済全部門合計	100.0	100.0	100.0	100.0	100.0	100.0	100.0	100.0	100.0
（内訳）									
消　費	19.6	51.6	17.8	49.7	49.6	…	…	20.1	10.2
材料・資材	66.4	37.8	69.8	40.4	39.0	…	…	59.9	77.5
燃　料	8.7	4.3	1.6	4.5	5.9	…	…	0.9	8.4
生産用具	5.3	6.3	11.4	6.4	5.5	…	…	19.1	3.9

出典：Т. В. Рябушкин. Вопросы истории развития балансого методов в Советском Союзе,《Учённые записки

国民経済バランス

国民経済における生産物の分配													
国民経済における消費										輸出	生産調整における一九二四年の在庫	商業企業における一九二四年一〇月一日付在庫	国民経済における分配の合計
生産的消費			生産的消費合計	不生産的消費					国民経済における消費の合計				
建設業	運輸	商業		個人的消費			集団的消費	不生産的消費合計					
				農業人口	非農業人口	計							
11	12	13	14	15	16	17	18	19	20	21	22	23	24
145	50	1	5,918	3,035	1,928	4,333	62	9,396	10,314	337	67	20	10,138
317	397	146	3,673	2,983	2,516	5,499	324	5,823	9,496	192	1,113	224	11,025
—	—	15	312	285	186	471	70	541	853	—	—	—	853
462	447	162	9,903	6,308	4,014	10,322	476	10,798	20,701	530	1,180	307	22,718
0	11	81	1,372	5,566	3,446	9,212	172	9,384	10,756	84	280	146	11,266
462	214	63	6,909	343	186	529	86	615	7,524	443	761	130	8,858
—	134	1	589	399	182	581	40	621	1,210	3	101	25	1,339
—	88	17	1,033	—	—	—	178	178	1,211	0	38	6	1,255
31.5	11.2	0.6	59.8	48.1	32.4	42.0	13.1	40.7	49.8	63.6	5.6	6.5	47.3
68.5	88.8	90.1	37.1	47.3	62.7	53.3	68.1	53.9	45.9	36.3	94.4	72.8	48.5
—	—	9.3	3.1	4.5	4.6	4.5	14.7	5.0	4.1	—	—	—	3.8
100.0	100.0	100.0	100.0	100.0	100.0	100.0	100.0	100.0	100.0	100.0	100.0	100.0	100.0
0.0	2.4	50.3	13.8	88.2	90.8	89.3	36.1	86.9	52.0	16.0	23.7	47.6	49.6
100.0	47.9	38.5	69.8	5.5	4.6	5.1	18.1	5.7	36.3	83.5	64.5	42.4	39.0
—	30.0	0.7	6.0	6.3	4.6	5.6	8.4	5.8	5.8	0.5	8.6	8.2	5.9
—	19.7	10.5	10.4	—	—	—	37.4	1.6	5.9	0.0	3.2	1.8	5.5

по статистике》T 4, стр. 24-25.

について収入と支出の量的相互関係の表象を与え，各々の生産物の市場構造を解明するのに役立てられた。現物バランスの最大の欠陥は，それが物量単位で表示されるために相互比較できないことである。この制約は貨幣単位の採用で取り除かれたかのように見えた。しかし，問題は市場を経由した生産物とそうでない生産物との評価をどのように行うかという点，また実際に価格のついた生産物でも消費者価格と生産者価格のどちらを選択するのが妥当かという点であった。大企業の生産物の価格については工業統計等の資料があるが，小工業の生産物価格は人為的に決定されていた。農業生産物の評価はより煩雑で単純に市場価格によるわけにいかなかった。市場価格には運輸費，商業割増の部分が入り込むからである。消費者価格と生産者価格の差はこの部分を反映しているので，取引一覧表ではそのための項目が設けられた。

　以上がリトシェンコによる「国民経済バランス作成方法」の概略である。そこには表を構成するカテゴリー上の部門と現物の生産物を部門分類する際の齟齬とをどのように調整するのかといった問題，統計の未整備な状態など，バランス作成の具体的な困難が率直に表明された。

　「1923/24年バランス」に利用された生産高の算定方法[44]と土地評価[45]とについてもここで触れておきたい。農業部門の播種面積と家畜頭数の指標は，抽出率５％の標本調査で推計された。農業生産物の生産高算定はノルマ計算され（専門家の評価を含む），肉製品，家畜屠殺量，搾乳でノルマの算定基準は別々に与えられた（たとえば，肉製品の生産高の計算は家畜選別の最も普及した平均ノルマが利用された）。工業生産高は，販売価格で評価された。中央統計局の工業統計は，そのための資料として役立った。クスターリの生産高を知る直接の統計資料は存在しなかったが，革命前の資料，1920年の資料目録，1923年の都市調査書，農業経営の標本調査が利用された。

　建築生産物は建造と建築修理（大修理，経常修理）のみが対象となり，設備の建設と修理，組立ては計算の対象外におかれた。これらの生産物の生産高は，当時の建築統計資料が貧弱であったため，条件付の計算が行われた。

　運輸生産高は個々の商品の「生産者価格と消費者価格の評価差額」統計のう

ち，鉄道と海上輸送の運輸費として取り出された。商業生産高は同じ「生産者価格と消費者価格の評価差額」統計から運輸生産高を控除した残額とされた。

「1923/24年バランス」の第1表，1924年の10月1日付の「資本構成表」では土地資産が全体の60％を構成していた。そこで行われた土地評価の方法は，ロシアの諸県では革命前の土地評価により，シベリア，極東，中央アジアの地域では補助的計算（内部地域での住民一人当たり平均土地価格とその地域の住民数の積）が行われた。前者について，土地が商品として機能していなかった時期の評価を利用することは妥当だったのであろうか。後者について，土地の価格を労働との関係で，換言すれば価値法則との関係でどのように計算するかとの発想でなされたが，実際の計算はそれで正しかったといえるだろうか。疑問なしとしない。

4-3 その問題点

以上が「1923/24年バランス」の方法論，表形式，表の構成，評価方法の紹介と若干のコメントである。最後に，このバランスの難点をまとめておきたい。

第一は社会的生産関係の表示がバランスでなされなかったことである。この点は多くの論者が指摘したことであった。バランスには社会的項目（социальный раздел）が欠け，社会的セクターや住民の階級的関係は示されなかった。とくに，工業について国営，協同組合的，個人的企業が区分されながら，資本制企業の区分がなかった。

第二はバランスに蓄積を示す部分がなく，拡大再生産のための蓄積と単なる在庫とが同じカテゴリーに括られていた。蓄積は付表の固定資本の表に掲げられたが，ここに示された固定フォンドの動態は生産物の運動と混同され，生産手段の磨滅を示す箇所に生産手段の流入が表示された。また，在庫の指標にも欠陥があった。農産物の生産者の手元在庫が不変であるとの仮定で計算されたこと，工業の在庫はトラストに参加している企業の在庫のみが計算され，非トラスト系小工業の在庫は省略されたことなどが不十分な点であった[46]。全体として，バランスは国民経済の拡大再生産の数量的表示に成功しなかった。

第三に国民所得概念の理解,社会的生産の生産部門と不生産部門との区別の方法が曖昧であったため,第3表「国民所得表」は不十分な内容のものであった。たとえば,社会的生産物の総生産額の計算で旅客輸送は物的生産領域から除外されたが,国民所得の計算にはその部分を含めていたなど,一貫性がなかった。また,国民所得の部門別構成で商業が過大評価されていた。これは商業所得に内国消費税,関税収入のすべてを含めていたからである。因みに,この部門別構成は,農業47.2％,工業21.8％,運輸7.6％,商業20.1％,建設3.3％であった。全体として,「生産過程の国民所得の形成,所得の分配と再分配,所得の実現および消費と蓄積の形での国民所得の最終的利用を研究する課題は,当時設定されなかった」[47]。

　第四は部門分類についてである。生産手段生産部門と消費財生産部門との2部門分割が徹底していなかったため,拡大再生産の全体的見取り図を与えることができなかった。もっとも,生産部門と不生産部門とを区別して表示するとの意図があったことは評価されてよい。農業部門は林業,漁業,狩猟を含んでいたが,これらは分割表示されるべきだった。運輸部門を旅客輸送と貨物輸送とで区分するべきかで議論があるが,このバランスでは両者を一括する仕方で解決された。その他,農業部門で所有形態による分類がなかった点,固定フォンドが生産的なものと不生産的なものとに分類されなかった点などは,国民経済の再生産を表示するバランスとして適切でなかった。

　第五は,「1923/24年バランス」には労働資源バランスがないことである。このために,バランスは労働力の源泉およびその利用に関する問題に応えることができなかった。

　リャブーシキンは以上の欠陥の背景に,国民経済バランスが取引一覧表の枠をでなかったことがあると総括的に指摘した[48]。また,И. モロゾワ（И. Морозова）はバランス表が理論的に完結した体系でない,と批判した[49]。結局,社会的拡大再生産の過程を数字で特徴付けるべきとする要請は,この国民経済バランスによって果たされなかった。「1923/24年バランス」が社会的再生産の表示に成功しなかったのは,作成者が明確な国民経済の理論をもたず,現

実経済の分析がおろそかにされたからである。過渡期の経済制度には5つのウクラード（家父長経済，小商品経済，資本主義経済，国家資本主義，社会主義経済）が存在した。このうち，圧倒的なウエイトは，小商品経済にあった。しかし，この国民経済バランスでは，各産業部門，生産物の実現形態，資金源泉，経営形態のそれぞれで社会主義的セクターと非社会主義的セクターの比率が計算されるにとどまった。

おわりに

　本章の課題は，「1923/24年バランス」の作成経緯とその方法論を紹介し，検討することであった。最初の国民経済計算体系とでもいうべき，この「1923/24年バランス」は経済建設が始まったばかりのこの国の政治的にも，経済的にも混乱した状態のなかで作成された統計表であるが，ともかくその当時の叡智を結集して作成された国民経済の最初の総括表である。

　当然，このバランスはいくつかの看過できない問題点を孕んでいた。その主要なものは，再三指摘してきたことであるが，基盤となるべき経済理論の脆弱性，主観的経済観，統計資料の不足，経済計算の方法の未確立，等々である。本章はそれらのポイントを具体的に指摘し，この統計表が「矛盾の統一物」であるとの評価を行った。直接に「1923/24年バランス」にあたって検討するとともに，その作業を当時の思想状況を調べ，またこのバランスについてのソ連統計学界での評価を一部援用して補完した。

　ソ連の統計を歴史的に俯瞰する際，「1923/24年バランス」はその歴史の一齣にすぎないが，このバランスの検討と評価は避けて通ることができない。

　「1923/24年バランス」の経験は，その後のバランス作成に継承された。このバランスに続く統計表の検討と評価は，次章以降の課題である。

〈付〉「1923/24年ソ連邦国民経済バランス」の構成

序　文　　　　　　　　　　　　　　　　　　　　　　П. Попов
　第Ⅰ部　解説
　　1　国民経済バランス研究序論　　　　　　　　　　П. Попов
　　2　ソ連邦国民経済の構造　　　　　　　　　　　　П. Попов
　　3　国民経済バランスの作成方法　　　　　　　　　Л. Литошенко
　　4　土地の価値　　　　　　　　　　　　　　　　　Я. Бляхер
　　5　農業資産における資本　　　　　　　　　　　　Н. Дубенецкий
　　6　畜産業の資本　　　　　　　　　　　　　　　　А. Лосицкий
　　7　工業資本　　　　　　　　　　　　　　　　　　Н. Воробьев
　　8　都市と農村の建物の価値　　　　　　　　　　　О. Квитикин
　　9　運輸業の資本　　　　　　　　　　　　　　　　И. Поплавскийй
　　10　農耕生産物とその国民経済における分配　　　　Н. Дубенецкий
　　11　1923/24年の畜産業生産物とその分配　　　　　А. Лосицкий
　　12　工業生産物と生産的消費　　　　　　　　　　　Ф. Дубовиков
　　13　1923/24年のソ連邦の小（調査対象とならない）家内手工業と
　　　　その生産物および大工業と農業に対する関係　　Н. Воробьев
　　14　運輸業の生産的消費，総所得および国民所得　　И. Поплавскийй
　　15　農業住民の工業生産物の消費　　　　　　　　　Л. Литошенко
　　16　1923/24年の非農業住民による工業生産物と農業生産物の消費
　　　　　　　　　　　　　　　　　　　　　　　　　　Г. Паллик
　　17　農業住民と非農業住民の消費に関する比較資料　Л. Литошенко
　　18　集団的消費　　　　　　　　　　　　　　　　　А. Михайловский
　　19　外国貿易　　　　　　　　　　　　　　　　　　Г. Шапошников
　　20　国民所得　　　　　　　　　　　　　　　　　　Ф. Дубовиков
　　21　全体としての国民経済バランス　　　　　　　　П. Попов
　　22　国民経済バランス作成方法への注釈　　　　　　П. Попов

第Ⅱ部　統計表
　第1編　資本
　　1　農業における資本　　　　2　工業における資本
　　3　建設業における資本　　　4　運輸業における資本
　　5　土地の資本
　第2編　人力・畜力と機械エネルギーの支出
　第3編　国民経済への生産物の受入
　　1　農業生産物の受入　　　　2　工業生産物の受入
　　3　建設業生産物の受入　　　4　出版業生産物の受入
　第4編　国民経済における生産物分配
　　1　生産的消費　　　　　　　2　住民の個人的消費
　　3　集団的消費　　　　　　　4　生産物の輸出
　　5　1924年10月1日の予備　　 6　林業生産物の分配
　第5編　国民経済バランス
　　1　1924年10月1日のソ連邦の資本
　　2　1923/24年ソ連邦国民経済バランス
　　3　1923/24年のソ連邦の国民所得
　第6編　附録
　　1　工業部分の個別生産物の現物バランス
　　2　鉄道，国内水運および海運における積荷移転の価値
　　3　1923/24年に獲得された国内消費税の総額
　　4　社会グループごとの住民の消費
　　5　補助表
　　　「工業資本」表への附録
　　　「運輸資本」表への附録
　　　「工業生産物」表への附録
　　　「非農業住民の個人的消費」表への附録
　　　「集団的消費」表への附録

注

1 ） 二瓶剛男「社会主義＝計画経済における国民経済バランス論」『土地制度史学』第36号，1967年7月。下原清志「発展途上段階のソヴィエト20年代における計画化思想——『1923/24年ソ連邦国民経済バランス』の研究」『アジア経済』28巻第5号，1987年。

2 ） 長屋政勝「ソヴェト統計学における初期国民経済バランス作成の試み——所謂1923/24年バランスの方法論的基礎（その一）」『龍谷大学経済学論集』第8巻第4号，1969年。

3 ） 「1923/24年バランス」の作成経緯とこのバランスをめぐる議論を紹介したものとして次の大津論文の第2章第1節参照。大津定美「社会主義計画経済理論の生成と発展」，古沢友吉編『講座　経済学史　Ⅳ（マルクス経済学の発展）』同文舘，1977年。また，ネムチノフ「経済学研究における数学的方法の利用」（ネムチノフ編／岡稔訳『マルクス経済学の数学的方法（上）』青木書店，1960年，所収）には，「1923/24年バランス」の紹介がある。

4 ） 飯田寛一は1956年の時点で次のように書いた。「1926年には中央統計局によって『1923-24年度ソ同盟国民経済バランス』と呼ばれる著作が発表された。残念ながら，この著作の内容をわれわれは知らない」（飯田寛一「経済バランス論」『現代社会主義講座　Ⅳ』東洋経済新報社，1956年，220ページ）。また，次の論稿も「1923/24年バランス」の存在について触れているだけで，内容を吟味した形跡はない。鎌田武治「国民経済バランス論争」大崎平八郎・木原正雄編著『社会主義経済学の生成と発展』青木書店，200ページ。上掲の下原論文はこのバランスを対象とした研究業績が少ないことを指摘している。上掲論文，26ページ。

5 ） 「1923/24年バランス」の歴史的意義として次の諸点が考えられる。それらはソ連経済の再生産構造の全体的見取り図を主要経済指標の体系として与える最初の試みであったこと，表の構成，部門分類，計算方法，資料の整理などの点で，その後の国民経済バランス作成の基礎となったこと，当時のバランス論の理論水準のもとで改善すべき諸点を明確にしたこと，農業，工業部門の多数の生産物を中心に現物バランスを飛躍的に発展させたこと，1920年代の初期に支持されていた労働計算法が不可能であることをバランス作成の実践のなかで明らかにしたことなどである。

6 ） Friedrich Pollock, *Die planwirtschaftlichen Versuche in der Sowjetunion 1917-1927*, Leipzig, 1929.（邦訳：ポロック『ソヴィエト連邦計画経済史論』同人社，1932年，414ページ）。

7 ） 部門連関バランスの淵源が「1923/24年バランス」にあるとの見解は多い。しかし，

第1章 「1923/24年ソ連邦国民経済バランス」の作成経緯と方法論　37

「1923/24年バランス」の意義をこの点に求めるのは適当でない。部門連関バランスと「1923/24年バランス」の関係は，後者の課題があくまでも生産物の生産と分配の統計表示であり，「1923/24年バランス」は部門連関バランスの碁盤縞表の萌芽を内包していたとしても，取引一覧表の枠組みを超えるものでなかったという判断が正当である。下原清志，前掲論文，33ページ。

8) ネムチノフ編／岡稔訳『マルクス経済学の数学的方法（上）』青木書店，1960年；望月喜市「ソヴェト経済学における数学利用」（大崎平八郎・木原正雄編著『社会主義経済学の生成と発展』青木書店，1965年）；岩田昌征「ソ連邦の数理経済学の略史」（五井一雄編『現代社会主義経済制度論』アジア経済研究所，1976年，所収）参照。

9) Alfred Zauberman, *The Mathematical Revolution in Soviet Economics*, Oxford University Press, 1975.

10) 当時，「工業」という産業分野には製造業以外に，鉱業も含まれた。以下ではとくに注記しないが，「工業」の用語はそのような理解で記述される。

11) ソ連の経済理論，とりわけ「社会主義的」再生産論はマルクス『資本論』のそれの焼き直しとでも言うべきものが支配的であり，ソ連経済の具体的事実の分析をふまえて再構成されたものでない。「社会主義的」再生産におけるサービス部門の位置づけ，社会的諸フォンドの意義の検討はほとんどなされていない。

12) 付言すれば，ソ連経済のなかで第一次5カ年計画の指導的環は機械製作機の生産，第二次5カ年計画のそれは鉄，非鉄冶金，電力の生産，第三次5カ年計画期のそれは高性能機械や特殊鋼の生産，化学工業，大戦中には軍需工業，第四次5カ年計画期には重工業，鉄道運輸であった。

13) 野々村一雄「初期のゴスプラン」『経済研究』第10巻第4号，Oct. 1959, 306ページ。

14) 同上，307ページ。

15) この最初の統制数字は，第1編「方法論」，第2編「経済各部門」，第3編「経済政策上の経済的措置および訓令の体系」と付表からなる。経済部門とは，1．生産，2．商品量，3．物価運動，4．商品量の価値関係，5．貨物交易，6．輸出入，7．労働生産力と賃金，8．住宅建設，9．運輸，10．基本投資，11．貨幣流通と信用，12．予算，13．ソ連国民経済における社会化過程，である。この統制数字には国民所得，現物表示による工業生産高，工業生産物の現物バランス，基本建設に対する物的保障計画，社会文化建設計画，官庁別地域別の課題が欠如している。

16) Л. Д. トロツキー／田中九一訳『ロシアは何処へ往く——資本主義か社会主義か

社会主義か———』同人社，1927年，40-41ページ［原著は1925年］，（ポロック『ソヴィエト連邦計画経済史』同人社，1932年，340ページ参照）．

17) С. Г. Струмилин. О контрольных цифрах Госплана на 1925/26 г.《На плановым фронте》, Москва, стр. 163.

18) С. Г. Струмилин. там же, стр. 142.

19) С. Г. Струмилин. там же, стр. 146.

20) 平舘利雄「ゴスプランの30年」『ソヴェト研究』(1)，ナウカ社，1948年，74ページ．

21) 《В Совете по делом статистики》, Бюллетень ЦСУ Но 2. (25 января 1918г.).

22) С. Г. Струмилин. там же, стр. 140.

23) この当時のマルクス再生産論（再生産表式）の均衡論的理解がいかに深刻であったかについては，次の論稿に詳しい．岡稔「再生産論をめぐる論争史」『講座資本論の解明（第3分冊）』理論社，1952年．

24) И. Морозова. Первый баланс народного хозяйства СССР,《Вестник статистики》No, 4. 1958, стр. 36.

25) И. Морозова. там же, стр. 37.

26) Т. В. Рябушкин は，「1923/24年バランス」の登場を次のように評価している，「無条件にそのとき国民経済バランスの最初の大きな一歩が踏みだされたのである．しかし，この一歩は，この世界で最初のバランスはかなりできの悪いものであった．作成者たちが，それを極度に思い違いして，基本的にバランス法の諸問題を解決したと考えていた．実際には，多くの事柄が未解決であり，不明瞭なままであり，錯綜していた．しかしすべての場合に「1923/24年バランス」の表式と作成方法の批判的分析はわれわれが現代の方法論を完成するのを助けたし，助けている」．(Т. В. Рябушкин. Вопросы истории развития балансого методов в Советском Союзе,《Учённые записки по статистике》, т. IV, стр. 22.

27) 《Труды ЦСУ СССР т. XXIX》Москва, 1926.

28) 叢書には「資本」（капитал）という術語がしばしばでてくる．リトシェンコによれば，資本の概念は資産（имущество）の概念から家計資産を控除したものである．

29) ポポフはバランス（баланс）とは第一義的には均衡（равновесие）である，と理解していた．

30) П. И. Попов. Введение к изучению баланса народного хозяйства,《Труды ЦСУ СССР т. XXIX》, Москва, 1926, стр. 1.

31) М. З. Бор.《Очерки по методорогии и методике планирования》, Москва,

1964, стр. 106.
32) П. И. Попов. там же, стр. 34.
33) М. Эйдельман. Из истории баланса народного хозяйства,《Вестник статистики》No. 8. 1958, стр. 10.
34) Т. В. Рябушкин. там же, стр. 35.
35) Т. В. Рябушкин. там же, стр. 34.
36) П. И. Попов. там же, стр. 2-15.
37) К. マルクス『剰余価値学説史1』（全集26巻 a ），大月書店，426〜427ページ。
38) П. И. Попов. там же, стр. 12-13.
39) 国民経済を企業体とみなす構想はリトシェンコにのみ固有なのではなく，その後もストルミリンなどによって継承された（第2章参照）。「単一の企業」（第6章，184ページ），「単一コンビナート」（第2章，59ページ），「単一総合企業」（第2章，64ページ）の用語が使われたが，同じ意味である。
40) Л. Литошенко. Медод соствления народного хозяйственного баланса,《Труды ЦСУ СССР т. XXIX》, Москва, 1926, стр. 56.
41) Л. Литошенко. там же, стр. 56.
42) Л. Литошенко. там же, стр. 67.
43) Т. В. Рябушкин. там же, стр. 24-25. この原表は，《Труды ЦСУ СССР т. XXIX》Москва, 1926, I. стр. 294-295, II. стр. 176-183. リャブーシキン表は，原表の縮約である。
44) 当時の生産高の算定方法に関しては，И. Морозова. там же, стр. 41-43. に要約がある。
45) 土地評価に関しては，Т. В. Рябушкин. там же, стр. 29-30, に要約がある。
46) И. Морозова. там же, стр. 44.
47) И. Морозова. там же, стр. 48.
48) Т. В. Рябушкин. там же, стр. 31.
49) И. Морозова. там же, стр. 47.

第2章　国民経済バランスの史的展開（1930〜55年）
―― 経済計算の体系化とストルミリン表式 ――

はじめに

　筆者は前章で，中央統計局が1926年に作成した世界で最初の国民経済計算，「1923/24年ソ連邦国民経済バランス」（以下，「1923/24年バランス」と略）を紹介し，その作成経緯をベースとなる理論および方法論とともに検討した。この国民経済バランスはその技術的欠陥，資料的不備はもとより，第一に再生産の均衡論的理解にくわえて過渡期経済の具体的分析を欠いていたこと，第二に経済循環の理論とそれを支える経済学の理解が形式的であったこと，第三に国民経済を単純に「単一の企業」ととらえたこと，第四に計画法としてのバランス法の位置づけが弱かったこと，などの諸点で改善の余地を多く残していた。それにもかかわらず，この国民経済バランスはその後の発展の基礎となっただけでなく，1920年代前半に広く受容されていた労働計算が事実上不可能であることを実践的に示すなど，意義のある見通しを与えた。「1923/24年バランス」はこれ以降の経済計算の原基形態であったが，それ自体，矛盾の統一物といえる産物であった。

　本章では，この「1923/24年バランス」以降に作成されたバランス，あるいはバランス作成に関わる議論を批判的に紹介する。中心論点は，社会的再生産のプロセスをいかにバランス表にまとめるか，それを諸表の体系として提示するのか，総合的な統一的なバランスとして構想するのかであった。対象期間は30年代から第二次大戦をはさんで50年代半ばまでである。30年代以降のバランスの展開を俯瞰すると，一方では「1923/24年バランス」作成過程に認められ

たいくつかの難点を依然として脱却できなかったが，他方ではそれ以前に見られなかった白熱した議論展開があり，また国民経済バランス体系化の志向も追跡できる。ときに硬直した議論，現実認識を欠いた構想がみられたが，国民経済バランスの体系構築の堅実な努力が認められた。本章の目的は，そうした歴史的事情を具体的に後づけ，整理することである。その意義は，国民経済計算のひとつの歴史的遺産である国民経済バランスの1930～50年代の成果物（中央統計局，ゴスプランによる，あるいはストルミリン表式をめぐる論争）を取り上げ，国民経済バランスの歴史のなかに位置づけ，考察することである。それはまた，この時期以降，急速に失われていく経済理論と統計計算との関係，すなわち経済理論の統計計算上の齟齬を確認する作業である。

　全体の構成は，次のとおりである。第1節では，1930年代に作成された国民経済バランス（1930～32年に作成された1928-30年国民経済バランス［以下，「1928-30年バランス」と略］，1939年完成の国民経済バランス体系）を紹介する。第2節では，1930年代に展開された国民経済バランス論争を取り上げる。論点はストルミリン表式とそれに対する批判であり，ここで問われたのは国民経済バランスと均衡論，再生産論との関連であった。第3節では，1950年に中央統計局によって公表された国民経済バランス体系を中心に，ストルミリンが再度提起したバランスモデルをめぐる論争を解説する。

　本論に入る前に，若干の留意点を示す。第一に，この時期の関連する論文にあたると，内容が政治的色彩を帯びていることに気がつく。科学的，客観的な議論が展開されず，問題を政治的に解決，処理しようとする姿勢がしばしば見られた。当時の国内の歴史的，政治的状況から余儀なくされたものであるが，この傾向は社会科学の発展にとって望ましくない。本章では可能なかぎりそうした要素を排除し，議論の客観性を追跡するよう配慮した。

　第二に，このことと関係するが，一部の論者には自らの立論の正当性を保証するために，それをマルクスの古典的著作の引用ですませる傾向があった。マルクスがその経済学で取り上げた対象と30年代以降の状況とでは，時代も経済体制も異なるので，その間の隔たりに配慮しないで問題解決をマルクスの古典

に還元させることは，とるべき道ではない。

　第三に，バランス論争への参加者による当時の国民経済の発展段階認識に関する疑問である。30年代半ば以降の経済が真の意味の社会主義体制であったとの認識が誤りであったことは，現在では常識になっている。ここは，このことを議論する場でないので，これ以上の言及を差し控えるが，当時の経済学者，統計学者はソ連の現状認識に楽観的であり，この事情は国民経済バランス論議に強く作用した。詳しい内容は，本論で明らかになるであろう。

第1節　1930年代の国民経済バランス体系[1]

1-1　1928-30年国民経済バランス

　中央統計局は，1930～32年に「1928-30年バランス」を作成した。このバランスは，А. И. ペトロフ（А. И. Петров）の指導のもとに，А. Г. ペルヴーヒン（А. Г. Первухин），П. М. モスクヴィン（П. М. Москвин），А. Н. パブロフ（А. Н. Павлов）らの協力をえて作成された。

　最初にこのバランスを紹介し，次いでこの作業の中心にあったペトロフのバランス方法論を検討する。

　1928-30年バランスは，次のような準備段階を経て，作成された。まず，1927年11月に開催されたゴスプラン幹部会および第3回計画作業者大会で，国民経済バランスに関する諸問題が討論された。また，「1923/24年バランス」作成後廃止されていたソ連中央統計局国民経済バランス部が復活し，この部のもとに国民経済バランス特別委員会（委員長は И. А. トラハテンベルク［И. А. Трахатенберг］）が組織された。

　このような討論，組織づくりの結果，公表された「1928-30年バランス」は次のような構成をとった。

　1．国民経済バランスの総括（表2-1［簡略表］）
　2．国民経済バランスの個別要素（国民所得，固定フォンド，生産，消費）

表2-1　生産と消費のバランスの総括（表式）

起源と経済的使途による生産物グループ[1]	国民経済への生産物流入						国民経済における生産物分配					
	年頭における在庫（部門別）[2]	年間生産物—生産者価格による（部門別）	輸入	運輸＝商業割増	税	間接内国消費税	消費者価格による総流入	生産における消費	機関・人口の消費[3]	損失[4]	輸出	年末における在庫	固定フォンドへの流入[5]	消費者価格による総分配
Ⅰ　国民経済総計 　内訳　建設業生産物 　　　　工業生産物 　　　　農業生産物 　a）生産手段 　　（同一グループ別） 　　1．固定生産手段 　　　（同一グループ別） 　　2．流動生産手段 　　　（同一グループ別） 　b）消費財 　　（同一グループ別）														

注：1）生産物を生産する部門を意味する。
　　2）建設業はここではさらに総額と部門別（農業，工業等々）で与えられている。
　　3）農業人口，非農業人口に分離されている。
　　4）内訳：農業における貯蔵，流置水路における貯蔵。
　　5）部門別，さらに農村および都市の住宅フォンド，社会的目的のフォンドに分かれる。
出所：Т. В. Рябушкин. Проблемы экономической статистики, Москва, 1959, стр. 135.

3．国民経済の基本表

基本表には，「生産，消費および蓄積のバランス」，「生産と消費のバランスの総括」（表2-2），「国民経済諸部門の年間生産物の分配」（表2-3），「住民の階級，グループ間の国民所得の分配と再分配のバランス」が含まれた。

「生産と消費のバランスの総括」はすべてのバランス基本表（簡略表）である。物的生産部門は建設業，工業，農業（狩猟）で構成され，社会的生産物は生産

財と消費財の二大カテゴリーに分類され，前者は固定生産手段と流動生産手段とに細分された。次いで，「国民経済への生産物の流入」で，生産物の流入および分配の総額が生産者価格で表示され，総流入が消費者価格で与えられた。流入の項目には，第一に運輸および商業割増，税，間接内国消費税が独立の小項目として設定され，第二に「国民経済における生産物分配」の項目に不生産的消費とともに「損失」の項目が付加された。また，固定フォンドの増加が独立の項目として設定され，さらに生産的固定フォンドと不生産的固定フォンドとの区分がなされた。このような改善により拡大再生産における蓄積と投資の役割が明確になった。

「生産，消費および蓄積のバランス」は「生産と消費のバランスの総括」を詳細化した表であるが，年頭と年末の固定フォンドの大きさについての資料を部門別に取り入れた。この表は蓄積フォンドが在庫一般から区別され，さらに生産的固定的フォンド，未完成建設，原材料および燃料の在庫，不生産的固定フォンド，消費財の在庫に詳細区分された。「生産，消費および蓄積のバランス」と「生産と消費のバランスの総括」は両者相俟って，固定フォンドの運動と蓄積の表示形式の発展であり，拡大再生産の諸要素を把握する見取図である。

「住民の階級，グループ間の国民所得の分配と再分配のバランス」の作成目的は，国民所得の生産，分配，再分配の統一的把握であった。国民所得は本源的所得と派生的所得とに区分された。しかし，前者に商業的従事者，信用機関従事者，生産的部門に付随する保育所や託児所の従業員，生産的部門に働く管理者の所得のほか，年金扶助料，無償の社会文化，医療のサービスの価値が含められるといった混乱がもちこまれた。国民所得バランスは階級および住民グループごとに，国民所得の分配と再分配が示された。ただし，このバランスは国民所得の諸セクター間の国民所得の運動を把握するように構成されていなかった。国民所得を示す表式は，下記のとおりである。

表2-2　生産と消費のバランス簡略表
（経済的使途による生産物のグループ分け）

（単位：100万ルーブル）

収入と支出の項目	A 生産手段							B 消費財		総計	
	a) 固定生産手段		b) 材料・資材・燃料		c) 生産手段・合計					
	1928年	1930年	1928年	1930年	1928年	1930年	1928年	1930年	1928年	1930年
	1	3	4	6	7	9	10	12	13	15
収入										
A. 年頭における在庫	1,337.8	2,677.6	7,164.0	9,149.2	8,501.8	11,826.8	3,709.5	4,884.3	12,211.3	16,711.1
B. 年間の生産（生産者価格による）	6,610.2	10,565.4	21,958.8	28,832.3	28,569.0	39,397.7	22,948.5	30,428.8	51,517.5	69,826.5
1. 農業	2,807.7	2,976.2	9,141.7	10,692.2	11,949.4	13,668.4	7,291.9	10,438.8	19,241.3	24,107.2
2. センサス工業	1,418.2	2,933.7	10,793.9	15,572.4	12,212.1	18,506.1	7,032.9	10,179.9	19,245.0	28,686.0
3. 小工業	229.4	240.6	886.1	890.8	1,115.5	1,131.4	4,753.2	5,461.1	5,868.7	6,592.5
4. 建設業	2,154.9	4,414.9	—	—	2,154.9	4,414.9	2,084.2	2,280.2	4,239.1	6,695.1
5. 林業	—	—	703.3	1,077.1	703.3	1,077.1	708.0	746.2	1,411.3	1,823.3
6. その他部門（漁業、狩猟等）	—	—	433.8	599.8	433.8	599.8	1,078.3	1,322.6	1,512.1	1,922.4
C. 輸入	235.1	476.4	593.5	431.7	828.6	908.0	124.5	150.8	953.1	1058.8
D. 商業、運輸割増	169.7	330.1	1,611.2	2,355.8	1,780.9	2,685.9	3,400.3	4,789.1	5,181.2	7,475.0
E. 税	35.9	121.8	177.8	190.2	213.7	312.0	57.8	91.7	271.5	403.7
F. 間接内国消費税	—	—	75.0	136.5	75.0	136.5	1,388.0	2,887.0	1,463.0	3,023.5
G. 消費者価格による流入総計	8,388.7	14,171.2	31,580.3	41,095.7	39,969.0	55,266.9	31,628.6	43,231.7	71,597.6	98,498.6
支出										
A. 生産において消費されたもの	2,159.6	3,055.9	21,963.4	28,059.7	24,123.0	31,115.6	4,419.6	6,052.6	28,542.5	37,168.2
1. 農業	1,939.4	2,579.6	4,327.2	5,283.8	6,266.6	7,863.4	1,331.3	1,267.9	7,597.9	9,131.3
2. センサス工業	183.2	387.7	11,302.2	14,213.3	11,485.4	14,601.0	1,459.6	2,730.3	12,981.0	17,331.3
3. 小工業	12.4	16.6	3,335.1	3,889.1	3,347.5	3,905.7	659.8	789.4	4,007.3	4,695.1
4. 建設業	2.0	5.0	2,352.8	3,678.6	2,354.8	3,683.6	14.5	11.4	2,369.3	3,695.0

第2章　国民経済バランスの史的展開（1930〜55年）

			2.2	4.1	2.2	4.1			2.2	4.1
5. 林　業	—	—	—	—	—	—	—	—	—	—
6. 商　業	—	—	166.0	246.0	166.0	246.0	49.1	61.4	215.1	307.4
7. 運輸業（貨物，旅客）	28.6	67.0	477.9	744.8	500.5	811.8	109.9	190.7	610.4	1,002.5
8. その他部門	—	—	—	—	—	—	759.4	1,001.5	759.4	1,001.5
B. 人口と機関によって消費されたもの	12.6	16.0	865.8	1,007.8	878.4	1,023.8	20,367.4	28,829.8	21,245.8	29,853.6
1. 機関（通信をともなう）	12.6	16.0	202.9	262.7	215.5	278.7	693.7	1,071.2	909.2	1,349.9
2. 農業人口	—	—	404.5	352.7	404.5	352.7	11,437.0	14,863.0	11,841.5	15,215.7
3. 非農業人口	—	—	258.4	392.4	258.4	392.4	8,236.7	12,895.6	8,495.1	13,288.0
C. 損　失	2.6	—	120.9	379.1	123.1	379.1	155.6	268.1	278.7	647.2
D. 輸　出	0.9	2.1	518.3	796.6	519.2	798.7	280.3	237.7	799.5	1,036.4
E. 年末における在庫	1,912.0	4,013.1	8,051.1	10,720.0	9,963.1	14,733.1	4,399.4	5,963.3	14,362.5	20,696.4
F. 固定フォンドへの流入	4,301.0	7,084.1	61.2	132.5	4,362.2	7,216.6	2,006.3	1,880.2	6,368.5	9,096.8
I 生産的固定フォンド	4,224.7	6,964.5	49.8	105.1	4,274.5	7,069.6	66.3	136.4	4,340.8	7,206.0
1. 農　業	2,159.1	2,406.6	7.3	11.8	2,166.4	2,418.4	11.2	18.0	2,177.6	2,436.4
2. センサス工業	1,272.2	2,771.5	35.9	62.7	1,308.1	2,834.2	24.0	41.9	1,332.1	2,876.1
3. 小工業	21.9	26.5	1.5	2.0	23.4	28.5	—	—	23.4	28.5
4. 運輸・通信	712.7	1,503.7	2.6	5.9	715.3	1,509.6	31.1	76.5	746.4	1,586.1
5. 商　業	58.8	256.2	2.5	22.7	61.3	278.9	—	—	61.3	278.9
II 消費的固定フォンド	76.3	119.6	11.4	27.4	87.7	147.0	1,940.0	1,743.8	2,027.7	1,890.8
1. 農村住宅予備	—	—	—	—	—	—	931.4	559.6	931.4	559.6
2. 都市住宅予備	—	—	—	—	—	—	652.5	763.5	652.5	763.5
3. 社会的目的のフォンド	76.3	119.6	11.4	27.4	87.7	147.0	356.1	420.7	443.8	567.1
分配総計	8,388.7	14,171.2	31,580.3	41,095.7	39,969.0	55,266.9	34,628.6	43,231.7	71,597.6	98,498.6

出所：Т. В. Рябушкин.《Проблемы экономической статистики》. Москва, 1959. стр. 137-139.

表2-3 年間生産物の分配

受入部門と項目 / 供給部門	年	生産されたものの総計（消費者価格による）2)	自部門に残ったもの	自部門の範囲をこえて生産的領域へ譲渡されたもの	内 工業	内 農業
A	B	1	2	3	4	5
工 業	1928	29,869.5	11,821.7	4,211.2	—	1,485.1
	1930	43,321.9	17,364.5	6,788.8	—	1,977.5
農 業	1928	20,484.6	8,660.5	5,027.0	4,242.2	—
	1930	25,536.6	8,892.9	6,579.9	5,491.4	—
建設業	1928	4,239.1	561.8	1,737.3	668.2	677.2
	1930	6,695.1	1,560.7	3,390.6	1,447.2	929.4
国民経済のその他部門	1928	3,568.5	88.5	1,577.1	629.2	71.8
	1930	4,771.4	222.1	2,141.1	1,060.9	57.2
総 計	1928	58,161.7	2,132.5	12,552.6	5,539.6	2,234.1
	1930	80,325.0	28,040.2	28,040.2	7,999.5	2,968.4

注：1) そのうち不生産的固定フォンドに次のものが入っていた。

	1928年	1930年
工業生産物	87.7	147.0
建設業	1940.0	1,743.8
総 計	2,027.7	1,890.8

（流通水路における損失と拡大）

2) 1グループは 2 + 3 + 9 + 10 の和よりも大きい。
なぜなら表には若干の支出項目が含まれていないからである。

出所：T. B. Рябушкин.《Проблемы экономической статистики》, Москва, 1959, стр. 140.

〈収　入〉

Ⅰ．分配過程で得られるもの

1．産業に従事している個人の労賃
2．流通領域，生産奉仕に従事している個人の労賃
3．企業利得
4．利子
5．集団生産者の収入

による部門の相互連関

(単位:100万ルーブル)

訳			輸出	不生産的消費へ譲渡されたもの	内訳	
建築業	運輸・商業	その他			農民	非農民機関・社会的組織
6	7	8	9	10	11	12
1,599.6	1,119.5	7.0	1,475.4	13,082.7[1]	6,758.5	6,236.5
2,940.5	1,857.8	13.0	561.2	18,213.3[1]	9,162.0	8,904.3
20.8	86.2	677.8	194.3	6,295.6	4,000.5	2,295.1
45.0	152.1	891.4	333.9	909.1	4,908.3	4,182.8
—	391.9	—	1,740.0[1]	—	—	—
—	1,014.0	—	1,743.8[1]	—	—	—
822.3	53.8	—	129.8	1,771.1	1,048.6	722.5
915.1	77.9	—	141.3	2,244.2	967.5	1,276.7
2,442.7	1,651.4	684.8	799.5	23,089.4[1]	11,807.6	9,254.1
3,930.6	3,101.8	904.4	1,036.4	31,292.4	15,037.8	14,363.8

  6．独立小生産者の収入
  7．年金と補助金
  8．無料の社会文化的サービスと医療の価値
〈基本的所得の合計〉
 Ⅱ．再分配過程で得られるもの
  1．不生産的部門で得られたもの
  2．サービス販売からの収入

3．保険収入
4．年金と補助金
5．無料の社会文化サービスと医療サービスの価値
6．その他の収入

〈生産的所得の合計〉

Ⅲ．財産の販売から得られたもの

〈支　出〉

1．財貨の消費
2．住宅料金
3．サービスの購入
4．無料の社会文化サービスと医療サービスの価値
5．取引税
6．社会保険での支出
7．国家保健局での支払
8．労働組合，社会組織への払込金
9．会社への割当払込金

〈支出の合計〉

10．剰余（財産販売からの収入を除く）
11．蓄積，財貨，サービスの形での実現された収入，そのうち物質的富

　このほか，多くの個別物材バランス（鉱工業生産物バランス［45種］，農産物バランス［24種］，および固定フォンド明細表，その他の補助バランス）が作成された。「1928－30年バランス」の作成にたずさわった П. モスクヴィン（П. Москвин）によると，多くの現物バランスが作成された理由は再生産の特徴づけ，国民経済の計画化にこの種のバランスの作成が大きな意味をもったからである。反面，掲載された部門の数が減っていること，多くのバランスが必要以上にかさばっているなど，後退した点もみられた。

T. B. リャブーシキンは「1928-30年バランス」を「1923/24年バランス」と比較し方法論において，また社会的生産物の表示において前進を認めながら，他方で「社会的バランスの基本原理は1923/24年国民経済バランスと同様の生産物取引一覧表のそれであった」と評した[2]。

このこととの関連で，「1928-30年バランス」の作成を指導したペトロフの考え方を簡単に紹介する。このバランスが均衡論に立脚すると批判され，バランスではなく取引一覧表にすぎないと指摘されたのは，ペトロフの方法論に原因があったからである。

ペトロフは1927年11月のゴスプラン第3回幹部会の討論で自らの意見を表明した[3]。ペトロフによれば，国民経済の釣り合いと均衡はイコールであり，この原理はあらゆる経済社会構成体に共通である。ペトロフは均衡概念で国民経済諸部門の形式的連関を予定し，同時に釣り合いの不変性を主張した。ペトロフは，バランスの本質が生産の物的均衡，生産過程の技術的釣り合いにあると結論づけた。これに対し，リャブーシキンは「問題となるのは絶えず変化する比例性の大きさ」であり，「国民経済バランスの課題は実際に形成される釣り合いの測定と分析，一定の具体的な社会的要請を満たす」ことにあり，「決して『均衡の条件』を発見することにあるのではない」[4]と述べた。ペトロフの結論にみられた国民経済の均衡論解釈は，バランス法作成にとって依然として根深い要因として残っていた。

1-2　1930年代後半の国民経済バランス

1930年代は，しばしば統計学不毛の時期と呼ばれた。この時期に統計学の分野で，統計学が国民経済計算にとって代わられる統計学死滅論が唱えられた。この統計学死滅論は，見方を変えれば，統計学の課題を自然発生的，偶然的諸過程にあらわれる合法性の研究に限定し，大数法則や確率論をその発見の手段と考える旧来の統計学の自己清算にほかならなかった。しかし，30年代の統計学へのペシミスティックな理解のもとでも，国民経済バランス論の分野は例外的に活発な討論が行われた。

1930年代の国民経済バランスの発展はまず，国民経済バランスが体系化された（中央統計局作成）ことで特徴づけられる。すなわち，社会的生産物のバランスに加え，国民所得バランスと労働バランスが完成し，体系に組み込まれ，国民経済バランスは国民経済の拡大再生産を包括的にとらえる能力を期待された。また，30年代の中頃には，「住民の貨幣収支バランス」が「1928-30年バランス」の国民所得バランスを形式と内容で継承するバランスとして作成された。その内容は，以下のとおりである。

〈収　入〉
1. 社会主義的諸企業諸機関から受け取られた個人所得―賃金，コルホーズから労働日に応じて受け取る貨幣所得，年金扶助補助金，農産物販売からの収入，金融機関からの受取など。
2. 国民の諸グループ間における商品およびサービスの交換から受け取られる収入―コルホーズ市場での農産物販売収入，家内手工業生産物の販売収入，注文による労働収入など。

〈支　出〉
1. 国営商業，協同組合商業での商品への支払い
2. 公共食堂における支出
3. サービスへの支出
4. 財務機関および社会諸機関への支払いおよび払い込み
5. 貯金金庫への預金，国債の買い入れ
6. その他

国民所得バランスはその後，1937～38年に公にされた。その構成を以下に掲げる。

〈表側〉
1. 社会主義的生産諸企業（国営企業，協同組合企業，コルホーズ別）
2. 不生産的領域の諸企業諸施設（文化，社会，医療サービス，行政機関別）

3．国民個人
〈表頭〉
 1．社会的生産物の生産
 2．生産失費
 3．国民所得の生産
 4．国民所得の第一次分配
 5．国民所得の再分配
 6．国民所得の最終利用（消費と蓄積）

労働バランスは「1928-30年バランス」作成の折に，物的生産部門の生産高を増大させる要因として分析対象となった労働時間の計算を拡充，強化して継承された。しかし，国民経済の労働資源とその利用を示す指標の作成は，検討課題としてもちこされた。30年代にはさらに，マルクスの『ゴータ綱領批判』に準拠する社会的生産物の分配を示す表式が作成された（1935年）。社会的生産物を工場法（заводский медод）に基づく総生産高指標で評価する計算方法が定着したのはこの頃である[5]。

第一次5カ年計画から第三次5カ年計画にいたる30年代の国民経済の発展のもとでのバランス作成の特徴は，個別物財バランスが発達したこと，拡大再生産の諸局面を一枚の表で示す国民経済バランスが未熟だったことである。そのような事情になった理由として，当時の計画化方式が部門別計画を中心とした垂直的計画化方式をとっていたため（1930年，最高国民経済会議の部門別人民委員部への改編）「原料資材の需要の均衡とそれを実現するための物財バランス体系の確立に重点がおかれていた」[6]こと，重化学工業を優先的に発展させるための価格政策が価値的バランスの作成に不都合であったこと，の2点をあげることができる。

30年代の以上の成果は，中央統計局が「1928-30年バランス」を修正して作成した新しい国民経済バランスの体系（1939年完成）に結実し，社会的生産物バランス，国民所得バランス，労働バランスを基本的構成要素とする3表体系

が確立した．1939年のこの国民経済バランス体系の作業と経験は，1950年までの中央統計局による国民経済バランス作成に継承された．

　ゴスプランは同じ年の1939年に，1940年から1949年まで使用された最初の計画国民経済バランスを作成した．しかし，この計画バランスは不完全な表式と評価された．とくにバランスの個々の部分間の結びつきが形式的であり，内的連関をもたず，また物的生産諸部門間の相互関係が示されず，再生産過程の諸段階を経た社会的生産物の運動，国家と協同組合の収入部分が国民所得の運動として反映されなかった．ゴスプラン作成の国民経済バランスはこのような欠陥を有していたにもかかわらず，年次計画との関連をもった計画バランスとしての意義をもち，その作成は国民経済計画と再生産過程分析に欠かせないものとして，これ以降，改善の手が加えられていく[7]．

　他方，30年代には，国民経済バランスに関する論争が展開された．中心論点は国民経済の再生産を反映した単一の国民経済総合バランスを追及する研究，具体的にはストルミリン表式をめぐる論争であった．国民経済バランスの体系は，体系としての統一性をもたなければならないが，現実のそれはともすれば分散的で統一性を欠くことになりがちである．単一の国民経済バランスの構想は，そのアンチテーゼであった．構想の背景には，国民経済のひとつのイメージがあった．この点が30年代論争を特徴づける大きな論点となった．

第2節　1930年代の国民経済バランス論争

2-1　均衡論批判と単一総合バランス

　30年代論争の中心論点は，第一に均衡論を克服すること，第二に再生産過程の多様性に対応した種々のバランスを単一総合バランスへ統合することであった．

　第一の論点の紹介から入る．他に先駆けて国民経済バランスの均衡論的理解に対する批判を積極的に行ったのは，B. イグナトフ（В. Игнатов）であった．

イグナトフの論文「国民経済バランス」（1932年）の主旨は，第一に均衡論に立脚した国民経済バランスの形式主義的理解の批判的検討，第二に過渡期の再生産の統一性と釣り合いの確認，第三に新しい国民経済バランス作成方向の示唆であった。

　イグナトフは，1920年代の国民経済バランス論の傾向には，筆者が前章で取り上げたバランス法のレーニン的性格づけ[8]とは無縁の，バランスの形式主義的理解があったことを指摘し，これをグローマン，ポポフ，ペトロフらの論文からの引用で裏づけた。指摘された問題点は，バランスの内容の解釈である。彼らは再生産過程には均衡法則が作用しているとして，バランスが表現するのはこの「国民経済体系の均衡条件」[9]であると言明した。イグナトフは，1920年代の国民経済バランス論の動向を批判的に概括し，「国民経済バランスの内容と形式との統一において理解しなければならない。バランスの内容は，過渡期経済の矛盾的統一の相対的釣り合い，社会主義建設成功の条件たる契機である釣り合いである」と述べた[10]。前章での「1923/24年バランス」の検討から明らかなように，1920年代の国民経済バランス論に関わった多くの論者はイグナトフが批判の対象とした，国民経済バランスの均衡論的解釈と表式の形式主義的理解に陥っていた。1920年代のこの傾向は，バランス作成に対する不信を蔓延させた。イグナトフは国民経済バランス論の分野に現れた均衡論的理解がバランス作成に対する不信の源にあると主張した[11]。同時に彼は，国民経済バランス作成が社会主義的発展の手段になると，その実践的意義を強調した。

　イグナトフはさらに，ブハーリンの理解，すなわち国民経済における釣り合い（пропорциональность）を均衡（равновесие）に置き換え，再生産均衡の存在しない過渡期に釣り合いが存在しないと言うのは誤りであるとする見解を批判し，過渡期経済にも「一定の釣り合いにおける労働の配分」は必要であり，この労働配分の釣り合いなしに社会の存続はもとより発展を望むことはできないと主張した。この延長で彼は，釣り合いが異なる体制では異なる原則で達成され，資本主義のもとではこれが価値法則の作用によって実現されるが，「過渡期における釣り合いには社会主義的改造の任務」[12]「国家の調整的役割」[13]

によって実現されると述べた。

　過渡期における労働の配分は，過渡期の経済課題と密接不可分である。なぜなら，「労働の配分と階級構成によって決定される社会的需要の性質との間には直接の依存関係が存在する」からである。国民経済バランスの「階級的定在」[14]，「国民経済バランスを階級的内容で一貫させること」[15] が強調された根拠は，それらが過渡期経済の分析とそこからひきだされる歴史的課題として重要だからであり，国民経済バランスはこのことの認識にたって初めて実践的性格をもつからである。

　イグナトフは以上の考察を行って，あるべき国民経済バランス論を提示した。バランスは工業化の方針，社会的需要の性質を反映しなければならない，総生産額，純生産額，蓄積フォンドの配分を社会的分野別に示すべきである，生産財生産部門，消費財生産部門，工業と農業との関係，固定フォンドおよび流動フォンドと労働力の状態もバランスに表現しなければならない，等々。イグナトフが掲げたバランスは，右表のようなものであった（表2-4）。

　イグナトフの国民経済バランス論は，次の諸点に要約される。すなわち，それは国民経済バランスを過渡期の釣り合いの問題と結びつけ，階級的内容を反映した国民経済バランスに具体化した。イグナトフの国民経済バランスは「1923/24年バランス」に見られた「社会的観点」の欠如の反省のもとに作成され，1920年代のバランスを一新する内容をもっていた。それにもかかわらず，イグナトフの国民経済バランスはそれを「指導的環の理論」と結合する視点が弱く，拡大再生産の表示，部門の詳細化で不十分であった。また，釣り合い達成のための国家の役割が強調されるあまり，計画＝法則とする主観的観点，あるいは国家意思を客観的法則と同列視する誤った見解に陥った。

　さらに，この点と関わって，ブハーリン経済学に対する誤解があった。すなわち，イグナトフは釣り合いを労働の配分と結びつけたが，ブハーリンによる過渡期の不釣り合いの根拠は，再生産過程に均衡条件が存在しないことに重点があったのであり，ブハーリンが労働配分の意義を認めていなかったかとの指摘は誤解である。過渡期の不釣り合いの根拠はブハーリンにとって小規模経営，

表2-4 イグナトフの国民経済バランス

〈バランスの表側〉	(1) 重工業人民委員部
A．国民経済の社会化分野	(a) 建設，(b) 生産
(a) 漸進的な社会主義経済	(2) 軽工業人民委員部
1．工業生産　(1) 生産財，(2) 消費財	(a) 建設，(b) 生産
2．建　　設	(3) 供給人民委員部
(1) A群企業，(2) B群企業，(3) 運輸，	(a) 建設，(b) 生産
(4) 流通部面，住宅および公共建設	(4) 林業人民委員部
3．農業生産　(1) 生産財，(2) 消費財	(a) 建設，(b) 生産
4．運　　輸	(5) 農業人民委員部
5．流通部面　(1) 卸売商，(2) 小売商	(a) 建設，(b) 生産
(b) 社会主義経済	(6) 交通人民委員部
B．国家資本主義分野	(a) 建設，(b) 生産
C．私経済的資本主義分野	(7) 水運人民委員部
D．単純商品経済分野	(a) 建設，(b) 生産
E．合　　計	I．社会的分野別実現
A(b)，B，C，D，EはA(a)に指示	J．消費財の実現
した細目による	1．管理上の必要
F．生産財生産と消費財生産の部類別合計	2．社会的消費充足
G．工業生産および農業生産合計	3．労働不能者扶養
	4．個人的消費
〈バランスの表頭〉	a）プロレタリアート
A．バランスに包含される期首の生産力	(1) 工業の，(2) 農業のプロレタリアート
1．固定フォンド	類似
2．流動フォンド　(1) 物資，(2) 貨幣	(1) 生産的労働者，(2) 非生産的労働者
3．労働力	b）勤務員，技術者
B．当期間の生産	c）コルホーズ員
1．出荷価格で	d）個人農　(1) 中農，(2) 貧農
C．輸　　入	e）自由職業者
D．生産物原価	f）資本主義関係者　(1) 都市の，(2) 農村の
E．当期間の純生産	K．輸　　出
F．蓄積フォンド	L．期末における生産力の状態（期首における
G．予備フォンド	生産力と同様の分類）
H．年度間に生産された生産財の実現	

出所：B. イグナトフ「国民経済バランス」『計画経済』1932年第2号，『ソ同盟の計画経済の方法』pp. 16-17．（若干，訳語を変更した）．

自然発生的市場要因の残存を意味し，彼は「資本主義下では再生産過程の各種の諸要素内における——とくに生産と消費のそれをも含めて——正しい釣り合いが不可能であること，つまり換言すれば各種の生産諸要素を『バランス化』することが不可能である」[16]（強調は原文）ことと同じ意味合いで過渡期の不釣り合いを問題にしたのである。ブハーリンは過渡期にも価値法則の作用によ

って労働配分が不完全ながら実現されると考えていた(もっとも,ブハーリンは労働支出の法則が社会主義的生産を規制する役割を果たすと考えていた)[17]。

ともあれ,イグナトフの均衡論批判は一定の成果を生み,国民経済バランスの実践的意義が再確認された。30年代論争はイグナトフ論文以降,国民経済バランスのもうひとつの課題,単一の総合バランスの作成に向かった。

2-2 ストルミリン36年表式

第二の論点に移る。1930年代論争の中心にあったアカデミー会員,С. Г. ストルミリンは,1936年の『計画経済』誌に論文「国民経済バランス論」を発表した[18]。この論文でストルミリンは従来のバランス論の瑕疵を「互いに切り離された個別的なバランスを何らかの弁証法的な脈絡のある統一体——ソ連の国民経済バランスの名において真に役立ちうる——に統合する,国民経済バランスの最終的な決定的な理論および十分に考究しつくされた一般的表式をもたないこと」[19]に求め,マルクス再生産表式を国民経済に具体化し,国民経済バランスのモデルを作成することを提唱した。ストルミリンは独自の社会主義経済観を基礎に,理論的にはマルクス再生産論に依拠して議論を展開しただけでなく,国民経済バランスの表式案を具体的に提起し,計画化論分野で懸案になっていた諸課題に積極的に応える姿勢を示した。とはいえ,その後の議論の過程でストルミリン論文に対して,その依って立つ方法論から表式そのものの作成に至るまで,いくつかの疑問が出された。ストルミリン提案に反対の論陣をはった代表的論客は,А. ノートキン(А. Ноткин),Н. ツァゴロフ(Н. Цагоров),А. メンデリソン(А. Мендельсон)であった。誌上討論のほかに,1936年10月には科学アカデミー経済研究所によって国民経済バランスに関する会議が開催され,ストルミリン報告をめぐって議論が交わされた。

ストルミリンの単一総合バランス作成の試みは,社会主義的拡大再生産の統一性の確保に主眼があった。論争過程で示されたストルミリン表式(表2-5)は,単一総合バランスモデルの一類型であった。

以下では,ストルミリンの論文に依り,彼の理論構成の大枠とその発想の過

程を追跡し，ストルミリン表式が登場した背景を明らかにする。次いで，ストルミリン論文に対するノートキン，ツァゴロフ，メンデリソンの批判を紹介し，ストルミリンの主張とあわせてこの当時の国民経済バランス論の到達点と残された課題を示す。

ストルミリンは，独自の社会主義観のもとで国民経済に関する構想，すなわち経済を「単一の企業」とみなす構想をもっていた。この認識から出発してその国民経済バランス論，社会主義的再生産論を立論したストルミリンは次のように述べた，「……ソ連は一連の生産的『職場』（ツェフ）およびサービスの『職場』に分かれ，全面的な計画的管理を遂行する全『職場』の総『事務所』（カントーラ）によって指導運用される単一コンビナートとして最高の経済的統一体とみなされるべきである」（強調は原文）と[20]。工場内は「職場」と「事務所」に分けられ，「職場」には国民経済の生産部門が，「事務所」には行政部門が対応する。生産部門は農業，工業，建設，運輸，通信の各産業部門を含む。不生産部門はサービス部門と行政部門とに分割され，前者はさらに社会的サービスと家計に，後者は経済管理と社会防衛とに細分される。バランスに示されるべき経済の構造は，以上のとおりである。

社会主義経済を「単一の企業」とみなすストルミリン表式の欠陥は，経済を社会生産関係的側面から分析する装置をもたない点である。「すでにずっと以前……過渡期の生産的社会構造のみならず，多種多様な経済制度（ウクラード）をもつ社会的構造を国民経済バランスに反映させることが要求された。だが，これはわれわれがすでに過渡期に経過してきた段階である」[21]と述べるストルミリンにとって，工業化が軌道にのり，農業の集団化，国有化が基本的に実現した社会主義社会では生産関係をバランスに反映させる必然性はなくなったわけである。

ストルミリンは，社会主義的生産を生産部門と不生産部門とに分けた。くわえて生産的労働と不生産的労働の規定を歴史的にとらえることを主張し，当時のソ連経済では社会的労働を生産的労働と不生産的労働とに分割することは不可能であるとした。生産的労働の規定は当然，国民所得の形成との関連で問題

表2-5 ソ連邦国民経済バランス（表式）
(19‥年)

(単位：100万ルーブル)

	I 生産部門							合 計			II 不生産部門									
	1	2 工業		3	4	5					II サービス部門					III 行政部門			不生産部門合計	国民経済総計
	農業	生産手段	消費手段	建設事業	運輸通信	商業配給網		1 生産手段	2 消費手段	生産合計	1 社会的サービス			2 家計	計	1 経済管理	2 社会防衛	計		
											住宅公共経済	文化科学芸術								

A. 年頭における国富
　I. 固定フォンド
　II. 流動フォンド・予備
B. 再生産の循環
　I. 生産と流通
　　1. 移転された過去労働
　　2. 生労働
　　3. 総蓄積
　II. 分配（計画と実績）
　　a. 控除と収用
　　b. 減価償却
　　c. 当年の蓄積
　　d. 自由な子備
　　　イ. 企　業
　　　ロ. 住　民
　　2. 投資（使途）
　　　a. 固定フォンド

b. 流動フォンド・予備
　c. 不生産的消費フォンド
 3. 計画外の配分
 4. 再分配後の残高
Ⅲ. 消費（個人的）
 1. 物質的生産物
 2. 労　働
　　a. 有　料
　　b. 無　料
Ⅳ. 拡　　大
 1. 固定フォンド
 2. 流動フォンド・予備
Ⅴ. 国民所得
 1. 生産の場所
 2. 充用の場所
C. 年末における国富
 Ⅰ. 固定フォンド
 Ⅱ. 流動フォンド・予備
バランス外項目
国民総計

出所：С.Г.ストルミリン「国民経済バランス論」『計画経済』1936年第9・10号、『ソ同盟計画経済の方法論』pp. 26-27.（若干、訳語を変更した）。

になる。マルクス経済学の考え方によれば（ストルミリンはマルクス経済学に依拠していた），社会的労働にこの区別を認めなければ当然，国民所得を形成する社会的生産物の規模は異なった値になる。ストルミリンは社会的生産物の概念を次のように規定することで，この問題が解決されると考えた。社会的生産物を過大に評価するとの理由から不生産部門の労働を不生産的労働とする必要はなく，社会的総生産物の大きさは重複計算を含んだ総流通高から内部取引を控除することで正しく算出されるとした。ある特定の工場を取り上げた場合，工場の補助的職場の「自己の工場に対する労働はその工場の基本的生産の職場のこれら生産物中にすでに対象化され一回の計算が行われている労働であって，それは重複計算を避け内部的取引として工場の総生産高中から除外される」[22]。このことの類推で，社会主義社会でも「これを国民経済全体についてみれば単一のコンビナートとみなしうる故に……サービス職場の第三者へのすなわち他の諸企業へのサービスを何ら考慮に入れる必要はなく，……補助的部門としてのサービスおよび行政部門の全生産物をすでにアプリオリにわがコンビナートの職場間における……内部的取引を基本的生産部門の生産高に加算する必要は少しもない」[23]（以下，強調は原文）。ストルミリンの社会的生産物の評価は，中央統計局が採用していた工場法に基づく総生産高指標，つまり国民経済の生産単位としての工場の生産高の合計から原材料，中間生産物の生産高を控除した額にほかならない。不生産部門の生産物はコンビナートの職場間の内部取引とみなされるので，生産部門の生産高に加算されない。

　ストルミリンによる社会的生産物の概念は，使用価値視点から規定されている。C, V, Mは本来，価値的概念であるが，ストルミリンはCを生産手段，Vを消費財，Mを蓄積に向けられる生産拡張フォンドとしている。さらに，生産物の使途に鑑み，生産部門で生産される生産手段のうち消費された生産手段の更新に向かう部分がCであり，生産拡大に向かえばMとなる。労賃フォンドには労働者の消費フォンドのほかに生産に関連しない一般行政費，需要の共同充足が含まれる。これらは生産部門で生産された生産物のうち不生産部門に入る。ストルミリンの考え方は結局，社会的総生産物は生産部門の生産物で

あるとの命題に従って，これが生産部門の更新目的に消費されれば C，蓄積が目的にされるならば M，不生産部門で消費されれば V となるというものであった。不生産部門の存立根拠を M 部分と結びつける見解は回避され，この部門の労働は生産的労働であるとする論理構成がとられた。すなわち，ストルミリンによれば，不生産部門の消費は不生産的フォンドにのみ依拠するのであり，剰余価値からの控除としない処理の仕方である。ストルミリン理論の骨子は，以上のとおりである。

2-3 その評価

ストルミリン論文に対し，ノートキン，ツァゴロフが総括的な批判を行った[24]。同論文に対しては，ほかにもメンデリソンが批判を加えた[25]。批判の対象となったのは，ストルミリンの単一コンビナート，すなわち「単一の企業」の想定が「社会主義的再生産のすべての実際的な相違を国民経済バランスにおいて，『職場』的な相異，財貨の『技術的生産的使途』の相異などに帰せしめようとする……有害な概念」[26] であったこと，ストルミリンがこの自説をレーニン論文の引用で権威づけようとしたことに向けられた。ノートキンらによれば，ストルミリンの発想は社会主義の勝利によって階級が消滅したとみなす政治的かつ主観的理解にもとづく。状況認識にこの誤りがあったため，ストルミリンは全人民的国家的所有形態と協同組合＝コルホーズ的所有形態の区別を，国民経済バランスに反映させなかった。次いで批判はストルミリンの社会主義的再生産論が経済の実態分析を欠いたまま，事柄の形式的解釈に基づいて構想されたことに向けられた。既述のように，ストルミリンは社会主義的再生産を生産のコンビナート化ととらえ，原料から半製品を経て完成品にいたるプロセスを「一連の独立的生産段階の逐次的な加工過程から成る単一的な生産的連鎖」[27] とみなした。しかし，ノートキン，ツァゴロフが言うように，社会的生産の行程は個々の企業の再生産とは異なり，生産物が交錯する「複雑な織物を形成する出合運動」[28] である。批判者の共通理解によれば，このことを認めないストルミリンの見解は，(1) 社会主義的再生産と資本主義的再生産との相違

を認めず，(2)資本主義的再生産を永久化し，(3)国民経済をその物的諸要素の再生産を諸要素の量的関係とみなす超歴史的視点で貫かれている，ことになる。社会主義的再生産に対する認識不足がストルミリンの国民経済バランスに多くの欠陥をもたらしたというわけである。生産財と消費財の分類がストルミリン表式で不完全であったことは，これらの欠陥の延長にある（この措置は工業部門に限られ農業についてはなされていない）。このことは全農業が食料品工業および被服履物生産の原料生産職場として……第二の部類（消費財生産部門）に入る[29]との誤った認識に基づいていた。

第二にストルミリン表式では，国民経済部門分割が農業から始められていた。当時，国民経済バランスでの産業部門の位置づけでは一般的に，工業を筆頭に農業はその次にすえられた。この分類は国民経済における産業の重要性の位置づけによるものであった。換言すれば，国民経済の計画化の指導的環としての工業の役割の大きさが国民経済バランスに反映されたのである。しかし，ストルミリン表式は，この位置づけを逆転させた。ストルミリン表式での産業部門のこの位置づけに対しては，「『単一総合企業』の立場よりすれば生産の全連鎖は究極的な消費物資の生産に従属すべきであるから，おそらくストルミリンは，究極の生産物を生産する『職場』が『単一総合企業』全体の生産能力を決定するものと考え，したがって彼が消費財の生産部門とみなす諸部門を彼の単一総合企業の基本的職場と認め，国民経済バランス表式において第一位を与うべきであると考えている」[30]という推論のもとに批判の対象とされた。

第三に不生産部門について，ストルミリンは経済管理機構などの活動を不生産部門に含めたが，不生産部門に属する活動を不生産的労働ととらえることを認めなかった。彼は独特の「転化」理論によって，「不生産部門」を「単一の企業」の従属的職場とみなし，ここで費やされる労働は生産部門の生産物に対象化されるとした。他方，社会的生産物は生産部門でつくられ，不生産部門の生産物は「単一の企業」の内部取引なので，後者の総額を総生産高に加算する必要がないとした。ここには矛盾と混乱がある。ストルミリンの矛盾と混乱は，社会的消費では生産物価値が消滅することと，生産的消費では消費される価値

が生産物に移転することとは再生産上異なる事態であるにもかかわらず，それらを同じことと考えたことにある。ストルミリンの誤謬は結局，使用価値視点に基づく生産部門と不生産部門との区分を，価値視点に基づく生産的労働と不生産的労働とを切り離して規定したことに由来している。要するに，ストルミリンの「転化」理論は「『不生産部門』は国民所得をもたらさず，それを消費するのみだという命題を隠蔽する言葉のヴェールに過ぎ」[31]ないというわけである。

　次に重複計算の問題に触れる[32]。この問題に関して，ノートキンとツァゴロフは次のように反駁した。ストルミリンは重複計算を避けるために，「単一の企業」を前提して立論したのであるから，この前提の当否をまず確認する必要がある。

　社会主義的再生産は，「単一の企業」の構想に示されるような生産物の一方的流れでは説明されえない。とりわけ，バランス表示ではこの多様な過程を生産部門間のバランスとして反映しなければならず，二大生産部門間，生産と消費，消費と蓄積の釣り合いが点検可能なように構成されなければならない。それにもかかわらず，ストルミリンの主張は国民経済バランスから重複計算を「清掃」すると同時に，現実の再生産の具体的工程をも「清掃」する結果になってしまった。なぜなら，生産手段の一部は原料，半製品等として現れ，完成生産物の価値には原料などの価値を C として含む半製品の価値が含まれており，最初の原料の価値が完生物の価値において重複計算されるからである。この重複計算は再生産過程上の事実の反映である。ツァゴロフの指摘するように「ストルミリンの立場にたって国民経済バランスから重複計算を清掃してしまえば，過去労働（C）の実際の消費が製鉄業，採炭業，工業全体，農業，運輸等においていかなる程度に行われたかをバランスにおいて明らかにしえない」[33]ことになる。現実の再生産過程における固定フォンドと流動フォンドの更新，それに基づく国民経済諸部門間の具体的関係を示さなければならばない国民経済バランスでは，過去労働（C）は完全に，正確に表示されなければならない。

　最後にストルミリン表式の表頭の表示方法は，粗雑である。第一に「流動フ

ォンドおよび予備」の項目に生産手段の生産工程に入らない機械,建物が含まれているが,これは「再生産の観点からではなく,簿記計算の立場から」[34] の分類である。また再生産の循環に,生産および流通,分配,消費,拡張などと並べて国民所得の項目が設定されているのは説得的でない。国民所得は,社会的再生産の一局面ではない。さらに運輸と商業には別途の扱い方が必要である。というのは,両部門は独自の生産物を生産しないが,生産工程を継続するものとして独立の部門となるからである。ところが,ストルミリン表式は生産物の総価格に占める運輸と商業の費用を区別せず,表頭の国富,生産,分配,消費に対して,表側でこれらの部門のバランス表示することに失敗している。

ストルミリン表式は,結局,均衡論克服と単一の総合バランス作成という課題を両立させることができなかった[35]。メンデリソンはストルミリンによる単一の総合バランス作成の試みそのものを否定し,「性質の異なる国民経済バランスの諸要素,たとえば労働バランスとフォンドバランスの如きは合算することができない」[36] 以上,国民経済バランスは諸表式の一体系,諸要素の系列でなければならないと,述べた[37]。

これらの反論に対して,ストルミリンは表式には労働バランスと財政バランスの基本的契機が存在すること,一般的表式も補助的特殊バランスを前提すると主張した。

今日の時点で,ストルミリン表式に対する当時の批判には,本章の冒頭で触れたように政治的色彩が目につく。その意味で,表式評価をそのまま受け入れるわけにはいかないが,表式の前提にあったストルミリンの経済観を肯定することはできない。この点を確認して,30年代論争の概観の整理を終える。

なおこのこととは別に,ソーボリは論文「国民経済バランス表式について」(『計画経済』誌,1940年第6号)[38] で30年代論争を締め括ったが,この論文で彼は国民経済バランスが表示しなければならない事項を掲げ,ストルミリン表式とは別の方向,すなわち拡大再生産の特徴を一括表示するのではなく諸表の体系(国富バランス,労働資源バランス,社会的生産物の生産・消費・蓄積のバランス,財務バランス[国民所得バランス]など)として構想すべきと提唱

し，この考え方がその後の国民経済バランス分野の主流となった。

第3節　戦後の国民経済バランスの発展[39]

3-1　1950年代の国民経済バランス

　次に戦後の国民経済バランスの発展について述べる。しかし，その前に戦中の成果を簡単に回顧しておかなければならない[40]。

　第二次世界大戦で，ソ連は開戦と同時に軍事生産重点の経済措置（戦時経済計画）をとった。重点課題は，第一に軍事工業，重工業，運輸などの戦時経済部門への物的資源，労働力の優先的配置と動員であった。軍事生産計画は1941年6月末の「1941年第3四半期国民経済動員計画」以来，四半期ごとに作成され，あわせてこの非常事態に即した資材技術供給制度が確立された。

　国民経済の戦時再編のもとで，バランス作成とバランス計算は大きな役割を果たした。たとえばこの時期に，ゴスプランは「国民経済バランス基本指標（основный показатель баланса народного хозяйства）」を作成した。また資材技術供給制度を支えるいくつかのバランス（金属，燃料，電力，設備，建材，化学製品）が仕上げられた。住民の所得，商品循環，貨幣流通を分析するための住民の貨幣収支バランスが重視され，労働力バランスが戦時中の労働力の構成の変化に応えた。1944年6月に，中央統計局が作成した労働力バランスはこのような性格のもので，地域別側面での住民のグループごとの労働資源を計算するものであった。同じく大きな意味をもったバランスとして，固定フォンドバランスがある。このバランスは個々の部門の固定フォンドの活動を表示し，軍事活動に関連した損失が計上された。見られるようにバランス作成の取り組みは広範な展開をみたが，それは戦時中の特殊な状況に迫られてのことであった。

　ソ連が第二次世界大戦で蒙った被害は，甚大であった。戦争直後の「国民経済発展5カ年計画」は，戦時経済の平時経済への転換，工業，農業における戦

前（1940年）水準の回復を基本目標においた。計画化方式は変わらず，垂直的，集中的計画方式が継承された。国民経済の進展，国民経済バランスの新たな発展は，経済の復興が達成された50年代に入って計画化方式の再検討を要請した。

50年代に入ってからの国民経済バランス論の特徴は，第一に30年代論争で中心となった論点が再度議論されたこと，第二にマルクス再生産論を具体化する問題意識が強くなったこと，第三に従来の論争で確認された課題に従って，国民経済バランスの役割と課題が明確になったこと，第四にこの時期の議論のなかに，57年以降急速に計画化の中に取り込まれた数理的方法を予感させる兆候がでてきたこと，などである。しかし，全体としてみると，50年代の論争には20年代の計画論のはなばなしさも，30年代から戦中にかけての計画実務の側からの地道な成果もなく，むしろ戦前の理論的，実践的経験を総括する論文の公表や見解の表明が多かった[41]。

理論面での相対的な安定といえるこの状況は戦後の国民経済復興発展期（1946～50年）を経て第五次5カ年計画（1951～55年）の順調な遂行に対応している。戦争の被害は物的，人的に甚大であり，戦後の発展方向は重工業優先政策のもとでの計画管理方式という点で，戦前と大きな変化はなかった。このような事情はスターリンの死後，社会主義の政策や路線，国民経済の管理方式において，従来の極度の中央集権的な経済行政体系の矛盾が一挙に露呈し，経済学の分野でも統計学の分野でも急激な変化が生じるまで変わらなかった。

50年代の国民経済バランス論は戦後，戦前の理論と実践との成果にたって拡大再生産の基本的諸要素を反映する体系に結実した。А. И. ペトロフ編集の『経済統計学教程』（1954年）に示された国民経済バランス体系は，その典型であった[42]。ペトロフによれば，国民経済バランスの内容は第一に生産力の増大と勤労者の生活水準の向上を示すこと，第二に拡大再生産の要因と源泉，および経済的矛盾を示すこと，第三に再生産の相互連関と釣り合いを示すこと，第四に社会主義的所有，社会生産物および所得の指標のなかに生産諸関係の再生産を示すこと，であった。このような内容を反映する国民経済バランスの表体系は，次のとおりであった。

1　国民経済物材バランス
　　(1)　社会的生産物の生産と消費のバランス（表2-6）
　　(2)　固定フォンドバランス
　　(3)　物材バランス
2　国民経済財政バランス
　　(1)　財務バランス
　　(2)　住民の貨幣収支バランス
3　労働および労働資源バランス
4　国民経済総括バランス（表2-7）

　『経済統計学教程』はそれぞれのバランスについて，その役割と機能，資料の出所を明らかにしている。同書は教科書であるので，国民経済バランス体系が国民経済計画化のなかで果たす役割の叙述は弱く，理論的，方法論的基礎の検討はなく，従来のバランス論の課題がどのように解決されたのかについては触れられていない。
　この時期に，『コムニスト』誌（1955年第4号）に掲載された И. マルイシェフ（И. Малышев）の論文「社会主義的再生産と国民経済バランス」[43]には『経済統計教程』に欠けていた国民経済バランスの計画化との関連が記述され，国民経済バランスがマルクス再生産論によって基礎づけられた[44]。しかし，この論文で確認されたのは社会主義経済の基本法則が国民経済の計画性をもった釣り合いのとれた発展の法則で，社会主義的再生産の目的が生産の絶え間ない拡大と技術的改善によって絶えず増大する社会の欲望の最大限の充足に求められ，国民経済バランスが社会的労働，生産手段，生産物を社会主義に固有の経済法則に応じて分配する道具に使われるということ以上の指摘はなかった。また理論的基礎であるマルクス再生産論の内容は，社会的生産の部門分割，生産手段の生産の優先的発展の法則，社会的生産物の分配と利用に関する命題を重化学工業重点化政策と絡めて解説されるにとどまった。

表2-6 社会的生産物の生産と消費のバランス（表式）
(19…年)

(単位：100万ルーブル)

社会的生産物 バランスの諸要素	生産物の経済的使途および その物的構成の指標	国民経済全体	内訳		消費物資	内訳		
			生産手段			工業生産物	農業生産物	建設生産物
			固定生産手段	流動生産手段				
A		1	2	3	4	5	6	7
Ⅰ．年度はじめの固定フォンド								
Ⅱ．年度はじめの流動フォンドおよび在庫 　　（所有形態および部門別）								
Ⅲ．総生産高もしくは社会的年生産物（所有 　　形態別） 　　　　　内　訳 　　工　業 　　農　業 　　建　設 　　運輸・通信 　　供　給 　　商　業								
Ⅳ．輸　入								
Ⅴ．生産における消費（所有形態別） 　　　　　内　訳 　　工　業 　　その他 　　生産における消費の合計のうち 　a）生産手段生産における消費 　b）消費物資生産における消費								
Ⅵ．非生産的消費 　　　　　内　訳 　a）住民の私的消費（社会的グループ別） 　b）非生産的部面における消費								
Ⅶ．輸　出								
Ⅷ．損　失								
Ⅸ．財貨の蓄積（所有形態および部門別）								
Ⅹ．年度末における固定フォンド								
Ⅺ．年度末における流動フォンドおよび在庫 　　（所有形態および部門別）								

出所：А. И. Петров. ред.,《Курс экономической статистики》, 2-ое изд. 1954, стр. 481.（アイ・ペトロフ編／大橋隆憲・木原正雄監修訳『経済統計学教程（下）』有斐閣，1961年，578ページ）.

第2章 国民経済バランスの史的展開（1930～55年） 71

表2-7 国民経済バランス総括バランス（表式）

(19…年)

(単位：100万ルーブル)

社会主義的再生産の経済的指標	絶対量 (それぞれの測定単位で)	相対量 (報告年度における)	動態を示す相対的大きさ指数 (基準年度に対する比)
A	1	2	3
Ⅰ．社会的生産物の拡大再生産			
1．社会的生産物の生産			
（内　訳）			
a）国有企業の生産			
b）協同組合＝コルホーズ企業の生産			
年生産物のうち			
A．生産手段			
B．消費財			
2．工業生産額			
a）重工業生産額			
b）軽工業生産額			
3．人口1人あたりの工業生産高			
（品種別に）			
4．農業生産額			
（内　訳）			
a）国有企業の生産額			
b）協同組合＝コルホーズ企業の生産額			
5．投　　　資			
（内　訳）			
a）生産的用途			
b）非生産的用途			
6．運　　　輸			
7．国民経済における働き手の数（工業，農業，建設，運輸等々の部門別に）			
8．固定フォンドによる労働装備率			
9．労働生産性の向上			
a）部門別			
b）労働生産性の向上による増産額			
10．外国貿易			
Ⅱ．国民所得の生産，蓄積，住民の所得の増大			
11．生産手段の支出と補填			
12．生産と流通における物質的支出の節約			
13．国民所得			
14．労働生産性の増大と生産手段の節約による国民所得の増大			
15．物質的生産部門で支払われる賃金および作業日による所得			
16．第一次所得，社会主義的企業の純所得			
a）国有企業			
b）協同組合＝コルホーズ企業			

17. 生産原価および流通費引下
18. 社会主義企業における純所得の利用
19. 社会主義的蓄積
20. 生産原価による引下げによる蓄積の増大
21. 生産的固定フォンドの増大の形での蓄積
22. 不生産的固定フォンドの増大の形での蓄積
23. 小売商品取引
24. 住民の購買品フォンドおよび消費物資の実現
25. 商品価格およびサービス料の引下げ
26. ルーブル貨の購買力増大
27. 住民の実質的所得の増大
 （内 訳）
 a）労働者および職員の所得
 b）農民の所得
28. 住民による財貨の所得
 a）個人的所得による
 b）集団的所得による
29. 国民所得全体における消費の割合
Ⅲ. 社会主義的所有の増大およびソ連社会における階級構成の変化
30. 国　富
 a）国家的所有
 b）協同組合＝コルホーズ的所有
31. 人　口
 a）労働者階級
 b）農　民
 c）インテリゲンチャ

出所：А. И. Петров, там же, стр. 550-554.（ア・イ・ペトロフ，前掲書，655-657ページ，参照）

　実務の面では，1950年に中央統計局国民経済バランス部が新しい表式案を作成し，この案が「科学的方法論会議」で採択され，新しい表体系が示された。バランス表は，次の諸表から成っていた。

(1) 総合国民経済バランス
(2) 社会的生産物の生産，消費，蓄積のバランス
(3) 社会的生産物および国民所得の生産，分配および再生産バランス（財務バランス）
(4) 労働バランス

第2章　国民経済バランスの史的展開（1930～55年）　73

(5) 固定フォンド

　その他，住民の貨幣収支バランス，遂行労働時間表，住民の実質所得表が作成された。上記(1)の総合国民経済バランスは，拡大再生産の個々の側面と特徴づける個別バランス（労働バランス，国民所得バランスなど）を統一して1つの表で示すもので，ストルミリン36年表式が意図した方向の継承であった。均衡論的内容をもつ表式として葬り去られたかのようにみえたストルミリンの問題意識は，1950年代の国民経済バランスに少なからぬ影響を与えたことがわかる。中央統計局の全体的仕事のなかで，総括表が示されたのはこれが初めてである。M. エイデリマン（М. Эйдельман）は1950年の中央統計局の表式案を評価して「（この表式は）著しい前進である。一層調和のとれた相互に結びついたバランスと表の体系は社会主義的拡大再生産のさまざまな側面をより完全に反映する可能性を与えた。国民経済バランスの総括表は再生産の一般的な特徴を得る可能性を与えている」と述べた[45]。

　体系のなかで「(2) 社会的生産物の生産，消費，蓄積のバランス」は主軸となる表であり，改善が図られた。それは年間の生産物の運動を部門別，所有形態別に従って表示する形式を備えた。部門分類には，細心の注意が払われた。第一に社会的再生産の二部門分割（生産手段生産部門，消費財生産部門）が遵守された。第二に物的生産部門と不生産部門とが截然と区別された。物的生産部門とは工業，建設業，農業，林業，貨物輸送，通信，資材技術供給，商業，調達，などである。不生産部門には管理，国防，文化生活施設の機関および組織，科学的機関および組織，財政金融機関が含められた。物的生産部門間の境界は精確になり，従来の曖昧さが克服された。

　補助表の「住民の実質所得表」はルーブル購買力調査の実験（1949年），住民の購買フォンド計算（1947年以降），労働者・事務職員の所得計算（1949年以降）の資料を利用して計算された。

3-2 ストルミリン54年表式

ストルミリンは戦後再び，新しい国民経済バランス表式を提起した[46]。国民経済バランスの作成に関わる論者の間では当時，マルクス再生産論を国民経済バランスの理論的基礎とすることが共通認識となっていた。しかし，その内容は再生産表式の展開から資本主義的生産関係を単純に捨象し（そのようなことが可能と思われないが），社会主義的再生産論を構築するといった代物であった。ストルミリンはこの問題意識で再生産表式を社会主義経済にふさわしい形に焼き直し，それを国民経済バランスに具体化する作業を行った[47]。

ストルミリン表式が担った役割は，新たな発展段階を反映した表式の作成であった（社会主義から共産主義への移行期という主観的認識に基づく）。農業と軽工業部門を犠牲にした従前の重工業部門優先の蓄積方式にブレーキをかけ，国民の豊かな物質的，文化的水準を保証する政策へ漸次切り替える新たな政策的舵取りがこの時期に行なわれた。この方針は，周知のように，マレンコフ体制の一連の措置に反映された。軽工業と農業へ優先的に多額の投資を予定した政策，消費物資増産体制を強化するマレンコフの政策がこれである。消費財生産優先の政策はその後批判を受け，取り下げられたが，生産力が一定水準に達した段階での新しい経済発展を方向づけた点で，また過度の重化学工業優先策を俎上にのせ，この政策を産業構造転換の方向に切り替えた点で，興味深い。

ストルミリン表式は，ソ連経済の以上のような発展段階を背景にマルクスの表式でMと示された剰余価値部分を不生産部門の項目として設定し，それらの詳細化をはかったものであった。表式は家計を含む不生産部門に労働手段と労働対象を認め，社会・文化的施設などにも「自らのための労働」に相当する部分が設定された。不生産部門における労働は不生産的労働として価値を生むことはないが，ストルミリンの念頭にあったのは，社会主義的再生産における不生産部門の役割の増大であった。ストルミリンの54年表式の考え方を36年表式でのそれと比較すると，社会的生産物のVとMの内容に一部の変更があったほかは，不生産部門の役割の評価や「単一の企業」の想定を表式の基礎にす

える考え方に継承関係があったが，いくつかの新たなユニークな点も盛り込まれた（表2-8）。

ストルミリンはまず，マルクス再生産論のカテゴリーである有機的構成，消費財生産部門のCに対する生産財生産部門のVとMとの釣り合い関係に経済技術的側面から着目した。再生産表式と国民経済バランスとの関係をふまえ，価値的カテゴリーの背後にある使用価値的関係を重視したからである。さらに，ストルミリンは再生産表式で展開された理論的諸問題の具体化という課題意識のもとに，$C+V+M$に相当する社会的総生産物から不変資本Cを補填する部分を控除した純生産物（$V+M$）の大きさ，あるいは拡大再生産の諸条件のもとでのCとV，Cと$V+M$との比率の問題を考察した。ストルミリンによるマルクス再生産表式の社会主義経済への適用の基本姿勢は，再生産表式の諸要素に付着している階級的（資本主義的）外皮を取り除き（これによって無階級社会としての社会主義社会に適合した再生産論ができ上がると考えられたようである），技術的な釣り合い関係への着目にあった。

この方法は当時の経済学がその再生産論を構成するときの常套手段であり，ストルミリンはこの点を踏襲した。しかし，ストルミリンはこれらの理論上のカテゴリーを基礎に再生産分析を行う場合，「社会的総生産物」概念の内容の把握が重要であると述べた。すなわち，統計上で使用されている工場法に基づく総生産高指標は物的支出の補填フォンドの重複計算を含んでいるため理論上の概念である社会的総生産物の概念と量的にも質的にも一致しないので，社会的総生産物の大きさは総生産高から生産手段生産部門内での内部流通額を控除する必要があると考えたわけである。

ストルミリンの再生産論のもうひとつの特徴は，消費物資を優先的に生産することが国民経済の基本的目的であるとして，消費物資の生産高を徐々に増大させるメカニズムを取り入れたことにあった。ストルミリンは，マルクス拡大再生産の法則，すなわち生産手段の優先的発展の法則と，労働生産性が第一部門では第二部門に比してより急速に増大する法則とが客観的必然であると認めながら，生産手段の増大を優先させ，工業化を遂行した後には「一時的に第一

表 2-8　ソ連邦国民経済バランス

バランス項目 国民経済諸部門	年頭における物材フォンドと予備		社会的再生産費				労働手段
	固定フォンド	流動フォンド	過去の労働		生きた労働		
			労働手段の磨損	労働対象	自らのための	社会のための	
1	2	3	4	5	6	7	8
生産領域							
A．生産手段							
A1．生産手段のための	1,200	380	70	380	450	450	340
A2．消費財のための	600	770	30	770	300	300	100
小計A	1,800	1,150	100	1,150	750	750	440
B．消費財	700	950	50	950	250	250	—
総計　A+B	2,500	2,100	150	2,100	1,000	1,000	440
サービス領域							
a）社会施設							
社会・文化	150	22	3	22	150	−150	—
住宅・公共経済	250	38	5	38	130	−130	—
行政と国防	100	15	2	15	110	−110	—
小計a	500	75	10	75	390	−390	—
b）家庭生活							
労働者と勤労者	150	100	12	100	—	—	—
コルホーズ＝協同組合員	330	90	26	90	—	—	—
個人経営	20	10	2	10	—	—	—
小計b	500	200	40	200	—	—	—
総計　a+b	1,000	275	50	275	390	−390	—
国民経済に関する総額（そのうち海外にあるもの）	3,500	2,375	200	2,375	1,390	610	440

出所：С. Г. Струмилин. Баланс народного хозяйства как орудие социалистистческого планирования,《Вопросы

部門の増大を犠牲にして消費物資の拡大再生産を促進することを認めることができる」と主張した[48]。同時に消費財生産部門の発展テンポの限界はⅠ$(V+M)-ⅡC=r$（Ⅰ，Ⅱはそれぞれ生産財生産部門，消費財生産部門）の大きさに規定されると，指摘した。これは「消費物資にくらべて生産手段の拡大が多

第2章　国民経済バランスの史的展開（1930〜55年）　77

表式（ストルミリン1954年表式）

社会的生産物			国民所得		再分配（＋一）	社会的生産物の利用					年末における物材フォンドと予備	
労働対象	消費財	総計	生産場所別	用途地別		補填フォンド	消費フォンド	拡大フォンド	内　訳		固定フォンド	流動フォンド
									固定資金	流動資金		
9	10	11	12	13	14	15	16	17	18	19	20	21
1,010	—	1,350	900	225	—	450	—	225	171	54	1,371	434
1,300	—	1,400	600	150	—	800	—	150	66	84	666	845
2,310	—	2,750	1,500	375	—	1,250	—	375	237	138	2,037	1,288
—	1,500	1,500	500	125	—	1,000	—	125	53	72	753	1,022
2,310	1,500	4,250	2,000	500	—	2,250	—	500	290	210	2,790	2,310
—	—	—	—	183	−147	25	—	11	9	2	159	32
—	—	—	—	185	−132	43	—	10	8	2	258	52
—	—	—	—	132	−111	17	—	4	3	1	103	21
—	—	—	—	500	−390	85	—	25	20	5	520	105
—	—	—	—	500	390	112	760	18	10	8	160	108
—	—	—	—	465	—	116	340	9	6	3	336	93
—	—	—	—	35	—	12	25	−2	−1	−1	19	9
—	—	—	—	1,000	390	240	1,125	25	15	10	515	210
—	—	—	—	1,500	0	325	1,125	50	35	15	1,035	315
2,310	1,500	4,250	2,000	2,000	0	2,575	1,125	550	325	225	3,825	2,625

экономики》No. 11, 1954, стр. 37.

年にわたってますます増大している優越のひきのばされた効果の実現」であった[49]。ストルミリンはさらに，マルクス再生産表式を計画化に応用するには防衛手段の生産，サービス部門の生産を含めて表式を拡充しなければならないと考えた。蓄積が自己目的でない社会主義社会では，この社会を組織する不生産

部門での社会的労働の利用を考慮しなければならない，とするわけである[50]。ストルミリンはサービス部門にも労働手段と労働対象の存在を認め，「社会的再生産費」概念を物的生産部門だけでなく，不生産部門にも取り入れた。この試みは，後に諸論者から批判を受けることとなった。

以上のように再生産表式の基礎的カテゴリーを解釈，継承しながらストルミリンは，表2-8のような国民経済バランス表式を作成した。表式は2部門分割，3価値視点のマルクス再生産表式の構造を継承するとともに，不生産部門の家計の欄を労働者と勤労者（労働者階級）とコルホーズ・協同組合員（農民層），個人経営に細分して生産関係の再生産を表示できるように工夫してある。バランスの表側には国民経済諸部門が，バランスの表頭には再生産の諸段階が示された。ストルミリン表式の最大の長所は，以上のように表式を再生産論のカテゴリーで装備し，社会経済構造を社会的総生産物の生産，分配，再分配のメカニズムにポイントをおいて総括した点にある。そのおおまかなプロセスを示すと次のとおりである[51]。

年々，生産される社会的生産物の価値は $C+V+M$ としてストルミリンの言葉によれば「社会的再生産費」（物的生産部門）の項目に示され，Ａの生産手段生産部門で2,750の価値が，Ｂの消費財生産部門で1,500の価値が，合計4,250の価値が生産される。このうち「自らのための労働」と「社会のための労働」$(V+M)$，すなわち国民所得は（Ａ1）生産手段のための生産手段生産部門で $450V+450m=900$，（Ａ2）消費財のための生産手段生産部門で $300V+300M=600$，（Ｂ）消費財生産部門で $250V+250M=500$，総計で $2,000$ $(1000V+1000m)$ となる。$1000V$ は分配の局面で，国民所得の分配使途別の項目（13）と家庭生活の項目の交叉点に示される数値となる。すなわち労働者，勤労者500，コルホーズ協同組合員465，個人経営者35である。1000mのうち半分は各物的生産部門の拡大フォンドに，残りの半分は社会的施設の諸フォンドにあてられる。

配分は次のようになる。（Ａ1）生産手段生産部門の拡大フォンドに225，（Ａ2）消費財生産部門に125である。社会的施設部門500のうちわけは社会的・

文化的施設に183, 住宅関係, 公共経済に185, 行政・国防に132である。以上は分配使途別国民所得の内容である。最後に再配分の社会的施設部門から390が労働者, 勤労者の欄に追加的所得として表示される。これは再配分の過程で社会施設部門に働く人の所得である。本来, この数値は同じ欄の再分配 (14) の交点の数値と一致するはずであるが, 当該表式では一致していない。その理由は恐らく, 再配分の実際の統計値が充填された結果としての誤差である[52]。

このようにストルミリン表式から国民所得の生産, 分配, 再分配のメカニズムを読み取ることができる。表式はマルクス再生産表式の基礎範疇に依拠し, 拡大再生産の構造と国民所得の生産, 分配, 再分配の流れを基軸に統一的に反映するひとつの試みを示した。

3-3 その評価

ストルミリンが提起し, 国民経済バランス論の中心になった論点は, 第一に不生産部門の生産的性格を, 生産的労働が物的生産部門の直接生産過程に従事する労働であるという命題といかに結びつけるかであり, 第二に価格体系を価値論との関係でどのように考えるかであった。第三の論点は社会的生産物の内容規定と重複計算の取り扱い方の問題であった[53]。これらのうち, 最後の重複計算の問題は, 戦前の論点の焼き直しであるので, ここでは触れない[54]。

第一の点について, モスクヴィンはストルミリンがサービス部門にも労働手段と労働対象を想定し,「社会的再生産費」概念を導入したことの問題点を指摘した。なぜなら「サービス部門 (彼は家庭生活のサービスをもここに含めている) で労働手段と労働対象が機能していることを認めること——このことは不生産部門で機能している生きた労働が生産部門にもたずさわり, この労働の結果は社会的生産物であることを認めることを意味する」からである[55]。国民経済バランス作成の課題は, 社会的生産物の生産, 分配, 再配分の過程を示すことであり, 不生産部門が社会的に有用な労働であるとはいえ, この過程で果たす役割はいわゆる生産部門と同じでない。モスクヴィンは, ストルミリンが不生産部門に「社会的再生産費」を導入する論理を持ち込み, この部門を国民

所得の生産部門とみなす誤りをおかしている，と主張した。ストルミリンは表式で家庭生活におけるサービスを社会的施設のサービス（社会的・文化的施設，住宅公共経営，行政・国防）と区別しているが，これに労働者と勤労者，コルホーズ員，協同組合員の部分に労働手段と労働対象とからなる過去労働 C の支出を想定している。モスクヴィンは，このような処理の仕方は家計も国民所得を生み出すかのような印象を与えるとして表式の不徹底性を指摘し，不生産部門に労働手段と労働対象の存在を認めるとなると，不生産部門の労働が国民所得を生産しないという命題と矛盾することになる，と主張した[56]。

ストルミリンの問題提起は，社会主義社会の不生産部門における労働が資本主義のそれとは根本的に異なる有用性（社会主義社会の建設に果たす積極的役割）をもち，この不生産部門の労働の独自の意味を，不生産部門の労働を不生産的労働とみなす既存の理論的枠組と抵触しないよう，いかに整合させるかにあった。ストルミリン表式の「社会的再生産費」の範疇は，この難問を解決するために措定された概念である。すなわち，「自らのための労働」は一方で当該部門の労働が国民所得を生産せずその再分配に与えるにすぎないことを前提とし，他方でこの労働の意義に社会的評価を与えることが意図されたのである（ストルミリンは，サービス部門に労働手段と労働対象の存在を認めるといっても，両者は社会的生産過程では不生産的に消費される，と断言した）。

確認しておくべき点は，「社会的再生産費」概念が「取引税」をビルト・インした当時の経済の特殊歴史的な蓄積様式と，それを支えた価格体系への批判とともに提起されたことである[57]。ストルミリンによれば，重化学工業優先策のもとで生産手段価格を過少評価し消費財価格を過大評価していた従前の価格体系は，価格の価値からの乖離を容認した政策的措置であり，この乖離は「国の労働資源をその欲望に比例して生産に配分する」（強調は原文）うえで「国民経済のなかにあれこれの不釣り合いが存在していることの標識」[58]にほかならないと述べた。この結果，既存の価格体系は社会的欲望を最大限に満たすために不十分であり，諸部門間の生産性の不均等な発展を助長し，企業の独立性，すなわち独立採算制に抵触する，と考えられた。

ストルミリンは進んで，既存の価格体系は「社会的再生産費」を基準とした価格体系に改訂されなければならないと主張した。ストルミリンによれば，「社会的再生産費」の測定はM部分——$M1$（第一部門の社会的消費フォンド）と$M2$（第二部門の社会的蓄積フォンド）——の確定にポイントがあり，この部分の大きさは「実際の労働支出に比例して」決定されなければならないとした[59]。ストルミリン表式の含意は，以上のようである。これに対し，モスクヴィンはソ連経済では価値法則が基本的に作用せず，その作用範囲を個人的消費部門に限定し，商品として売買されない生産手段の価値は実態がないとした。生産手段に価格がつくのは独立採算制を原則とする企業の活動を点検し統制するためであり，価格は単に外皮として残存しているにすぎない。この見解はひとりモスクヴィン独自の見解ではなく，当時経済学者の間でひろく認められたものである。

ストルミリンはソ連経済の強蓄積がひきおこした再生産上の不釣り合いや管理運営方式の矛盾を価値論次元で受け止め，その解決の方向を価格体系の再編に求めた。ストルミリンの問題意識は明確であった。それは1930年代以降の計画方式（物材中心の統制経済でありながら，さらにこれを価格政策で補完する方式）が新たな再生産軌道に入った1950年代以降の経済の管理，運営に不適切になったとの認識であった。計画は統制的性格を重点とするのではなく，マクロ的指標をノルマとして設定し，再生産を誘導することの意義が強調されるようになった。そこにあったのは，価格形成が市場メカニズムにそうように作用するのが妥当であるとの判断であった。価格政策が計画化にとって中心におかれるわけではないが，蓄積様式の変化と経済構造の変化に照応した価格形成が必要というわけである。「社会的再生産費」概念と再生産論と価値論を一体のものとして考えるストルミリンの姿勢は，このような判断によっていたと思われる[60]。

議論の経緯を追跡すると，ストルミリンは国民経済が完全に社会主義に移行したとして，それを「単一の企業」と考え，国民経済バランスを構想したのに対し，その批判者はそうした国民経済の認識に否定的であり，その延長で単一

の国民経済バランスに疑問を呈した。ストルミリン表式を特徴づける不生産部門の位置づけ，重複計算の除去，「社会的再生産費」概念はこの国民経済＝「単一の企業」との認識に立脚している。表式批判者による工場法に基づく総生産高指標の擁護，不生産部門のストルミリンの位置づけに対する疑問は，国民経済＝「単一の企業」構想への批判と一体である。

ストルミリンにもその批判者にも共通していたのは，経済の現状との距離であった。とりわけストルミリン表式は，現状認識，発展段階認識で理念先行的であった。他方，モスクヴィンにはマルクス経済学の教条的理解が色濃く，その表式批判に説得力が乏しかった。

おわりに

戦前の国民経済バランスの発展は，(1) 個別物財バランスの顕著な進展，(2) 再生産の諸要素を特徴づける財務バランス（国民所得バランス），労働バランスの完成，(3) それらの諸バランスの体系構成，(4) 計画国民経済バランスについての議論とその実践への定着によって特徴づけられる。ストルミリンの単一総合表式の作成は，この体系構成を考える問題提起である。国民経済バランスの体系をどのように構想するかについては，それを生産物バランス，財務バランス（国民所得バランス），労働バランスの基本要素を含む諸表の体系とみなすにせよ，あるいはストルミリン表式のように総合的な統一バランスとみなすにせよ，1930〜50年代にかけての国民経済バランス作成分野の大きな課題であった。

理論分野では，ストルミリンの戦前，戦後の２つの表式とそれらに対するイグナトフ，ノートキン，ツァゴロフの批判という構図がみられた。両者とも，その当否は別として，マルクス再生産論をベースとした。経済計算体系を経済理論との関連で構築する意図を有していた点では，共通項がそなわっていた。しかし，その現実経済認識の内容，マルクス再生産論の理解は，全く異なっていたことは本論でみたとおりであり，ここで繰り返さない。論争の教訓は，両

者が経済計算体系を経済理論との関連で構築しようとしたその姿勢にある。経済計算を単なる形式的技術的な方法の枠内で検討されることを避け，それを経済理論との関連で構築する姿勢は，受け継がれるべきである。

　本章では国民経済バランスに関する論争を取り上げたが，筆者はその論争に決着を与えることは避け（そうすることの意味はすでにないであろう），その経過を歴史的にたどることに配慮した。このことによって明らかになったのは，国民経済を把握する経済計算体系がかつてこの国で経済学をベースに，またある種の経済観のもとに取り組まれたことである。そのよき意図は必ずしも実現せず，これ以降，急速に後退するが，その経緯は次章で紹介する。今後の検討課題は，国民経済バランス体系がその後どのように展開したのかを追跡し，経済循環あるいは再生産を反映する統計としての国民経済バランスの歴史的性格を批判的に点検することである。

注

1）См. Т. В. Рябушкин. Балансовые работы в годы индустриализации страны. 《Проблемы экономической статистики》Изд-во АН, Москва. 1959.

2）Т. В. Рябушкин. Вопросы истории развития балансового метода в Советском Союзе,《Учённые записки по статистике》т. 4, Изд-во АН, 1958, стр. 43.

3）А. ペトロフの報告は，К вопросу о методах построения баланса народного хозяйства として《Вестник статистики》No. 1, 1926, に掲載された。

4）Т. В. Рябушкин. там же. стр. 39.

5）国民経済バランスの30年代の発展については，以下の文献が詳しい。
　　П. Москвин. К истории баланса народного хозяйства СССР за годы довоенных пятилеток,《Вестник статистики》No. 4, 1959, стр. 30.

6）木原正雄，長砂実編『現代社会主義経済論』ミネルヴァ書房，1969年，153ページ。

7）ゴスプランの計画バランス表式の評価については，次の文献を参照。
　　М. З. Бор.《Вопросы методологии планового баланса народного хозяйства СССР》, Москва, 1960, стр. 30-31.

8）第1章，12-13ページ。

9）В. Игнатов. Баланс народного хозяйства,《Плановое хозяйство》No. 2, 1932. 引用は，次の邦訳による（以下，同様）。В. イグナトフ「国民経済バランス」『計

画経済』1932年，第2号，政治経済研究所訳『ソ同盟計画経済の方法論』1948年，8ページ。なお，以下，『ソ同盟計画経済の方法論』掲載論文からの引用では，旧漢字を新漢字に改めたほか，訳語を一部変更した。
10) В. イグナトフ，前掲論文，7ページ。
11) 同上，18ページ。
12) 同上，4ページ。
13) 同上，6ページ。
14) 同上，10ページ。
15) 同上。
16) Н. И. Бухарин. Заметки экономиста (К началу нового хозяйственного года),《Правда》сентяврь 30, 1928.（邦訳『経済学者の手記──新しい経済年度の開始によせて（ブハーリン著作選2）』現代思潮社，1970年，56ページ）。
17) この一面的強調は，計画の内容を一定の「規制のもとで事後的に確定されたものの予想」と同義にとらえ，計画化を発生論的見地から通俗化する発生論者（генетик）の政策提言につながる（それはイグナトフらの，計画論者の計画＝法則ととらえる主観主義の対極にある見地であった）。
18) С. Г. Струмилин. К теории баланса народного хозяйства,《Плановое хозяйство》No. 9-10, 1936.（С. Г. ストルミリン「国民経済バランス論」『計画経済』1936年，第9・10号，政治経済研究所訳『ソ同盟計画経済の方法論』1948年）。
19) С. Г. ストルミリン，前掲論文，33ページ。
20) 同上，35ページ。
21) 同上。
22) 同上，44ページ。
23) 同上。
24) А. Ноткин, Н. Цагоров. О теории и схеме баланса народного хозяйства СССР《Плановое хозяйство》No. 4, 1937.（А. ノートキン, Н. ツァゴロフ「ストルミリンの『国民経済バランス論』批判」『計画経済』1937年第4号，政治経済研究所訳『ソ同盟計画経済の方法論』1948年）。引用は，邦訳による（以下，同様）。
25) А. Мендельсон. О балансе народного хозяйства,《Проблемы экономики》, No. 2, 1937.
26) А. ノートキン，Н. ツァゴロフ，前掲論文，71ページ。
27) С. Г. ストルミリン，前掲論文，44ページ。
28) А. ノートキン，Н. ツァゴロフ，前掲論文，74ページ。
29) С. Г. ストルミリン，前掲論文，55ページ。

30) A. ノートキン，H. ツァゴロフ，前掲論文，75ページ。
31) 同上，79ページ。
32) 重複計算の問題は，戦後のストルミリン54年表式でも再論された。ストルミリンの36年表式，54年表式でのこの問題を論じた論文として，次の文献がある。中野雄策「経済カテゴリーとしての社会的総生産物について」『山口経済学雑誌』第14巻第5号，1963年。
33) A. ノートキン，H. ツァゴロフ，前掲論文，82ページ。
34) 同上，80ページ。
35) ストルミリン表式作成の試みは，均衡論を批判的に克服するという点で成功していないとの烙印を押された。それだけでなく，『計画経済』誌編集部はこの論文（ストルミリン論文）を掲載したことを自己批判した。A. ノートキン，H. ツァゴロフの共同論文は次のように書いた，「ストルミリンの理論および表式には単純な個々の誤謬ではなく，政治的にも，方法論的にも誤った見解の全体系が存在する」「ソ連国民経済バランス問題の今後の解明は，ストルミリン表式の『正確化』の方向（彼が望んでいるように）ではなく，彼の表式の断固たる克服の方向に進むべきである」と（A. ノートキン，H. ツァゴロフ，前掲論文，90ページ）。
36) Д. Москвин. К теории баланса народного хозяйства (обзор совещания в АН СССР).《Проблемы экономики》No. 6, 1936. Д. モスクヴィン「国民経済バランス理論について（ソ連科学アカデミーでの会議）」『経済学の諸問題』1936年，第6号．政治経済研究所訳『ソ同盟計画経済の方法論』1948年，61ページ。
37) B. リドニクは総合表式の可能性は認めたが，それは個々の特殊な諸バランスに依拠しなければならないと主張した。A. メンデリソンは表式が消費フォンドの表示，労働バランスが欠如していると述べた。Д. Г. ルリエは，財政バランスが欠けていると指摘した。A. アラケリャンは表式に社会的側面を表示する観点がみあたらないと言及した（モスクヴィン，前掲論文，61ページ）。
38) В. А. Соболь. О схеме баланса народного хозяйства,《Плановое хозяйство》No. 6, 1940（「国民経済バランス表式について」『計画経済』1940年第6号．政治経済研究所訳『ソ同盟計画経済の方法論』1948年）。
39) См. Т. В. Рябушкин. Развитие баланса народного хозяйства в последующие годы.《Проблемы экономической статистики》, Москва. 1959.
40) 本論で触れる余裕がないが戦後，1940年代の末から50年代の初頭にかけて統計学界の関心は統計学の学問論争にあった。この統計学論争はソ連全体の統計学者，経済学者，計画論者を巻き込んだ大規模なものであり，国民経済バランス論の分野で発言した人，あるいはバランス論者の中心的論客であった人も多数参加した。

論争の契機は Т. И. コズロフの論文「統計理論の社会主義建設からの遊離に反対して」(『計画経済』2号，1948年)であった。論争初期には形式主義的，数学的偏向が批判され，とくに1948年10月のソ連科学アカデミー経済研究所で開催された「経済学の分野における科学＝研究活動の欠陥と任務」についての拡大学術会議では経済学の立ち遅れの原因を数学的方法の軽視とした B. C. ネムチノフが自己批判した。論争後期には，統計学の対象と方法をめぐっての討論があった。この論争では統計学の学問的性格をどうみるかに関して，普遍科学方法論説 (И. ピサレフ，Б. С. ヤストレムスキー，Я. И. ルコムスキー，А. С. メンデリソン，Б. М. ケドロフ，В. С. ネムチノフ，В. Ц. ウルラニス，М. М. マガリル)，実質科学説 (Т. И. コズロフ，Н. Г. マールイ，В. А. ソーボリ)，社会科学方法論説 (Н. К. ドルジーニン) に分かれた。主流を形成したのは実質科学説であった。1954年，科学アカデミー，中央統計局，高等教育省によって組織された「統計学の諸問題に関する科学会議」が開催された。席上，国民経済バランス論争のなかで単一の総合表式を追及してきたストルミリンは，確率論ないし他の数学的方法が統計学に果たす役割は補助的，副次的であるとしながら，「大数法則が第一義的な意義をもっていなくともこの現実の客観的な法則の重要性を過少評価することはできない」と述べた。ネムチノフはより明確に「大数法則は社会統計学にとっても必要であり」「この客観的な法則を無視して偶然的影響からわれわれの指標を解放することは不可能である」と述べた。両者に共通していたのは，個々の社会経済現象を確率論の適用可能な自然現象と類推し，現象の偶然性を指摘し，ここに大数法則が客観的法則として貫かれるという認識であった。ソーボリはこれに反対して，「実践は……大数法則にもとづいてではなく，社会主義建設の経済法則にもとづいてのみ解決することができる」との見解を述べた (諸論者の見解，また論争の推移に関しては，有沢広巳編『統計学の対象と方法——ソヴェト統計学論の紹介と検討——』日本評論社，1956年，参照)。

41) 経済学分野でも類似の傾向がみられた。たとえば，価値法則，社会主義経済法則論などの領域では主観的な解釈を排除し，客観的な理解にたつ立場が台頭してくるようになったほか，価値論，再生産論，諸経済範疇の規定などについての共通認識が固まるにつれて社会主義経済学が体系的に叙述されるようになった。

42) А. И. Петров (ред.)．《Курс экономической статистики》，2-ое изд. 1954. (ア・イ・ペトロフ編／大橋隆憲・木原正雄監修訳『経済統計学教程 (上)・(下)』有斐閣，1961年，とくに下巻)．

43) И. Малышев. Социалистическое воспроизводство и баланс народного хозяйства. 《Коммунист》No. 4, 1955. (И. マルィシェフ「社会主義的再生産と国民経済バラン

ス」木原正雄編『再生産と国民　経済バランス論』有斐閣，1956年）．
44）　И. マルィシェフには，このほかに「ソ連経済バランス」という紹介パンフレットがあり，木原正雄編，前掲書に収録されている．内容は，国民経済バランスに関する公式見解とでもいうべきものである．
45）　М. Эйдельман. Из истории баланса народного хозяйства.《Вестник статистики》No. 8, 1958. стр. 29.
46）　С. Г. Струмилин. Баланс народного хозяйства как орудие социалистического планирования,《Вопросы экономики》No. 11, 1954.（С. Г. ストルミリン「社会主義的計画化の用具としての国民経済バランス」木原正雄編，前掲書）．以下の引用は，邦訳による．
47）　ストルミリン54年表式について論じた論文に次のものがある．鍋島力也「計画経済＝バランス表式の基礎概念——ストルミリン『表式』基準——」『土地制度史学』第23号，1964年．二瓶剛男「社会主義＝計画経済における国民経済バランス論」『土地制度史学』第36号，1967年．
48）　С. Г. ストルミリン，前掲論文，83ページ．
49）　同上，84ページ．
50）　同上，89～90ページ．
51）　同上，91ページ．
52）　鍋島力也は，ストルミリン54年表式がアンバランスな部分を含むので，修正個所を最小限にするという原則のもとに，これを修正した総括バランスを提示したうえで，ストルミリン54年表式が「生産力＝生産関係との統一構造を簡明に表示しようとする点，とくに「表式」における運動のメカニズムの根幹としての基本条件，即ち物的生産部門における拡大再生産への機能配置・機能規定を示す価値＝素材補填のバランス関係を表示しうる構造をもっているところに，……卓越した点がある」と述べた（鍋島力也，前掲論文，52～53ページ）．
53）　二瓶剛男は，ストルミリン54年表式を紹介するとともに，その重複計算の理解を批判的に考察している（二瓶剛男，前掲論文，11～14ページ）．
54）　一言だけ付け加えておく．モスクヴィンはストルミリンが採用した命題，すなわち社会的総生産物は個々の企業や国民経済の部門間の生産物取引を控除した総計であるという命題に反対した．その根拠はストルミリン方式では工業的に加工される農産物のうち社会的総生産物に入るのは生産手段にふりむけられる部分だけであり，その他の部分は社会的総生産物に入らないことになるからである．モスクヴィンはストルミリンの考え方に対し，社会的総生産物は個々の企業の生産物の合計であるという命題に準拠した議論を展開した．モスクヴィンの見解では

社会的総生産物という経済的カテゴリーは社会的再生産の諸部門間の結びつきを表示するのに役立たなければならず，企業を社会的分業の環とみる見地は必然的に企業間の結びつきを反映する工場法による総生産高指標をとらざるをえないとした。

55) П. Москвин. Некоторые вопросы построения баланса народного хозяйства,《Вопросы экономики》No. 12, 1954.（П. モスクヴィン「国民経済バランス作成のいくつかの問題」木原正雄編，前掲書，99ページ）．

56) モスクヴィン，同上，111〜114ページ。

57) 鍋島の前掲論文ではストルミリンのこの「社会的再生産費」概念を検討し，それを価値レベルの概念とみなすストルミリンに批判的である。この概念は当時の価格体系の再検討を視野に入れて提起されたのであるが，鍋島はその視点が妥当であるかどうかの考察を避けている（鍋島力也，前掲論文，56〜60ページ）。

58) С. Г. Струмилин. Закон стоимости и измерение общественных издержек производства в социалистическом хозяйстве,《Плановое хозяйство》No. 2, 1957. 引用は邦訳による。

　　С. Г. ストルミリン「社会主義経済における価値法則と社会的再生産費の測定」木原正雄編『価値と価格の理論――ソビエト経済学界の論争と成果――』有斐閣，1958年，11ページ。

59) С. Г. ストルミリン，前掲論文，16ページ。

60) ストルミリンの「社会的再生産費」概念は直接的労働計算をモデル化したドミトリエフ方程式がベースにある，と言われている。また，ストルミリンが指摘したソ連経済の直面している困難とその解決策は，その後次第に経済界でも理解されるようになった。ストルミリンの「社会的再生産費」概念も国民経済バランス表式も，その後の計画論ないし価格形成論の展開に先鞭をつけた。

第3章　国民経済バランス体系の確立と部門連関バランス
――歴史的位置と理論的基礎――

はじめに

　第2章では，1930年から第二次世界大戦をはさんで1955年頃にいたる国民経済計算，具体的には国民経済バランスの歴史とこのバランス体系をめぐる論争を紹介した。本章では，1955年以降の国民経済バランスの発展を跡づけ，検討する。ポイントは，1957年に中央統計局によって体系づけられた国民経済バランスの体系とそれに付随して登場した部門連関バランスの紹介である。前者は戦前からの国民経済バランス作成という実践の集大成であり，国民経済計算のソ連版である。その理論的基礎はマルクス再生産論であり，体系構築にはこの理論の具体化が意識的に追及された。後者の部門連関バランスは当初，この国民経済バランス体系の一要素にすぎなかったが，次第にクローズアップされ，大きな意義が与えられた[1]。文中で触れるように，部門連関バランスの表そのもの，またそれを使った部門連関バランス分析は，いわゆる産業連関表あるいは産業連関分析と形式的に変わらない。ただ，内容に立ち入ると表式の構成，用語に独特の特徴がみられる。本章の後半では当時の統計学界の議論に触れながら，この部門連関バランスの意義と限界について検討する[2]。

　部門連関バランスは，産業連関表（分析）のソ連版である[3]。部門連関バランスを取り上げて論じた研究は，野沢正徳[4]，横倉弘行[5]，芳賀寛[6]，および筆者[7]の論稿などがあるが，多くはない。論じる姿勢も評価の視点も論者によって隔たりがあるが，筆者は前章までの議論の延長で，部門連関バランス（分析）を批判的に検討する。

ソ連が1991年に崩壊したいま、この国のかつての経済計算体系なり、部門連関バランスの批判的検討をテーマとして掲げることに訝るむきもあるかもしれない。国民経済計算は今日、国連がその作成を推奨し、多くの国が国連基準を遵守してこの作成にあたっているが、その体系は経済社会体制によってさまざまにありうるのであり、実際にあったのである。現行SNAにしても、それが絶対的普遍性をもつわけではなく、将来にわたって不変であり続けると断定できない。経済社会体制が変われば、別の経済計算体系が構想されるかもしれない。その意味で社会経済体制と経済計算の形式、内容との関係は注目されてよい。したがって、本章が掲げる課題は理論的研究、歴史的研究の対象として十分に価値があると思われる。

　以下、第1節では、中央統計局が1957年に体系化した国民経済バランス体系とこの体系のなかの「社会的生産物の生産、消費および蓄積のバランス」（付表は、産業部門間の相互連関、相互依存関係の表）を示す。部門連関バランス登場の契機となる表がこれであった。あわせて、中央統計局が1961年に作成した部門連関バランスを紹介し、その登場とその後の試行錯誤のプロセスと背景に言及する。

　第2節では、部門連関バランス（分析）の基本性格を明らかにし、いわゆる産業連関表（分析）との親近性を明らかにし、続いて部門連関バランス分析を再生産分析に適用した事例を紹介する。

第1節　中央統計局のバランス体系と部門連関バランス

1-1　国民経済バランス体系の確立[8]

　戦後の国民経済バランスは、既述のようにまず、中央統計局国民経済バランス部による1950年国民経済バランスとして公表された。1950年の表体系は1957年まで利用され、生産の諸契機すなわち労働力、生産手段、消費財をいかに分類するかという課題解決に、一定の役割を果たした。1957年には各共和国で

1955年および56年の社会的生産物と国民所得の計算が行われた。

1957年6月4日から8日にかけて，全ソ統計学家会議では国民経済バランスの基本的方法論的諸問題が第三議題として活発に討論された。席上，中央統計局国民経済バランス部長 B. A. ソーボリは新しい表式案を提出し，会議はこれを若干修正して，承認した。ソーボリは案の提出にあたって，第一に「社会的生産物の生産，消費，蓄積のバランス」を改善したこと，第二にマルクスの「ゴータ綱領批判」の思想にそくした表作成と主要経済部門別に作成される社会的生産物の再生産に関する表の新設を強調した。ソーボリの主張は，1957年国民経済バランス体系に具体化された。採択された表体系の基本構成は，次のとおりであった。

1　国民経済バランス総括表［表3-1］
　　（付表）国富表
2　国民経済労働資源バランス
　　（付表）物的生産物の労働時間表
3　社会的生産物の生産，消費および蓄積のバランス［表3-2］
　　（付表）国民所得分配表と国民経済部門の生産的連関
4　社会的生産物の分配
5　社会的生産物と国民所得の生産，分配および再分配のバランス［表3-3］
　　（付表）住民の貨幣収支バランスと勤労者の所得表
6　国民経済の基本的部門の社会的生産物の再生産
7　国民経済固定フォンドバランス
　　（付表）国民経済固定フォンドバランス（「原初総価値による」「対比価格での総価値による」）と基本投資バランス

この新しい国民経済バランス体系では，1950年のそれが大幅に改善された。たとえば，「第4表：社会的生産物の分配」「第6表：国民経済の基本的部門の

表3-1 国民経済バランス総括表（表式）

	労働資源		年頭における物的資源		社会的生産物の生産と第一次分配					生外資産	社会的生産物循環			社会的生産物の再分配残高	社会的生産物の最終利用				年末における物的資源		年末における労働者数
					社会的生産物の生産	国民所得									社会的生産物の利用合計	内訳					
	年頭における労働者数	当年に物的生産に従事した労働日数	固定フォンド	物的流動資源予備と消費財在庫	社会的生産物の生産に移転された生産手段の価値	生産部門労働（自分のための生産物）の所得	社会的要求をみたすための生産物・フォンド（社会的所得）	国民所得合計	第一次所得の引渡し(-)と受入れ(+)	商品資産からの受入れ	非商品部分（社会的生産物の交換によらないもの）	実現されたもの	獲得されたもの			生産的支出の補填	消費	蓄積	社会的生産物の損失とフォンドからの補填	固定フォンド	物的流動資金予備および消費財在庫	
	1	2	3	4	5	6	7	8	9	10	11	12	13	14	15	16	17	18	19	20	21	22	23	24

A. 物的生産部門の企業
 I. 社会的形態別
  a) 国営企業
  b) 協同組合＝コルホーズ企業
   そのうちコルホーズ
  c) コルホーズ員の副次経営
  d) 労働者・勤労者の副次経営
  e) 個人農と協同組合に参加していないクスターリの経営
   （合 計）
 II. 部門別
  1. 工 業
  2. 農 業
  3. 林 業
  4. 建設業

5．運輸・通信
6．商業・調達・資材物材供給
B．不生産的機関および組織
　a）住民にサービスする文化・生活機関・組織
　　そのうち
　　1）教育・文化
　　2）保険
　　3）住宅・公営，住民に生活上のサービスをするその他の機関および組織
　b）科学的機関および組織
　c）行政・国防機関および組織
　　そのうち
　　1）社会的組織
　　2）行政・国防
　（不生産的機関および組織の合計）
　　そのうち
　　a）国家機関と組織
　　b）協同組合組織・機関
　　　　　〈合　計〉
C．人　口
　そのうち
　　a）労働者・勤労者
　　b）農　民
　　〈国民経済　総計〉
　その他，在外よりの流入
　在外よりの流入を含めた総計

人口数：a）年頭における
　　　　b）年末における
　　　　c）年央における

出所：В. А. Соболь,《Очерки по вопросам баланса народного хозяйства》, Москва, 1960. Таблица. No. 1.

表 3-2 社会的生産物の生産，消費および蓄積のバランス（表式）
(195…年)

(単位：100万ルーブル)

	収入						分配												
			内訳					消費					蓄積						
	当年度に生産されたもの・生産者価格による（社会的形態別）	交換部面における価値の増大（社会的形態別）	運輸（社会的形態別）	商業物的調達（社会的形態別）	海外より輸入	生産者価格による収入合計	生産者的物の支出（部門別・社会形態別）	住民の個人的消費（社会的グループ別）	社会的消費			合計	固定フォンドの増大（部門別・社会形態別）	物的流動資金と在庫の増大（部門別・社会形態別）	予備の増大	合計	損失（部門別・社会形態別）	海外への輸出	分配合計
									文化的生活機関	研究機関	行政								
	1	2	3	4	5	6	7	8	9	10	11	12	13	14	15	16	17	18	19
A．生産手段																			
（内 訳）																			
工業生産物																			
農業生産物																			
林業生産物																			
建設生産物																			
通信生産物																			
B．消費財																			
（内 訳）																			
工業生産物																			
農業生産物																			
建設生産物																			
社会の給養生産物																			
国民経済合計																			
（内 訳）																			
工業生産物																			
農業生産物																			
林業生産物																			
建設生産物																			
社会的給養生産物																			
通信生産物																			

出所：В. А. Соболъ, там же. Таблица No. 3.

社会的生産物の再生産」が追加された。また,「第3表：社会的生産物の生産,消費および蓄積のバランス」が改善された。あわせて,国民経済バランス体系は諸部門の生産的連関を表示する要素が体系のこの第3表の付表「国民経済部門の生産的連関」で示された。

付表として,「国民経済バランス総括表」には国富表,「国民経済労働資源バランス」には物的生産部門の労働時間表,「社会的生産物の生産,消費および蓄積のバランス」には国民所得分配表と国民経済部門の生産的連関表,「社会的生産物および国民所得の生産,分配および再分配バランス」には住民の貨幣収支バランスと勤労者の所得表,「国民経済固定フォンドバランス」には国民経済固定フォンドバランス（原初総価値による）,国民経済固定フォンドバランス（対比価格での総価値による）,基本投資バランスがそれぞれ与えられた。

「国民経済バランス総括表」の表側には国民経済の社会構造,部門構造が示された。ここでは(1)物的生産部門の企業,(2)不生産的機関および組織,(3)住民という再生産を遂行する主体としてのカテゴリーが掲げられた。物的生産部門はさらに(a)国有企業,(b)協同組合＝コルホーズ企業,(c)コルホーズ員の個人的副次経営,(d)労働者と勤労者の副次経営,(e)個人農と非協同組合的手工業経営に細分された。また,物的生産部門の企業と組織は国民経済の部門ごとにグループ分けされた（工業,農業,林業,建設業,通信・運輸,商業・調達・資材物材供給）。不生産的機関および組織は,住民に奉仕する文化＝生活機関と組織,科学的機関と組織,行政と国防の機関と組織に細分化された。

表頭では国民経済に存在する物的資源,労働資源の年間の変動および再生産の基本的要素と諸局面,すなわち社会的生産物の生産,分配,再分配,循環,消費,蓄積といった循環が示された。第1欄と第24欄には年頭と年末の労働者数が記載される。第3欄と第4欄,第22欄と第23欄にはそれぞれ年頭と年末に存在する物的資源,すなわち国富が示される。「社会的生産物の生産と第一次分配」の部分は社会的生産物の最初の2局面を反映し,引き続く「社会的生産物の流通」の物的生産物の交換の大きさが示される。第16欄「社会的生産物の

表 3-3 社会的生産物と国民所得の生産,分配

(195…年)

	社会的生産物と国民所得の生産と第一次分配								在外からの流入		内			
	社会的生産物の生産	社会的生産物の構成						第一次所得の譲渡（-）流入（+）		企業・機関・住民による譲渡総計	国家予算	国家保険局	社会保険	信用制度
		生産物に移転された生産手段の価値	国民所得											
			生産部門の労働者の所得（自分のための生産物）			社会的需要を満たすフォンド（社会のための生産物）	国民所得合計							
			労賃	コルホーズでの労働日による所得	その他の労働所得	合計								
	1	2	3	4	5	6	7	8	9	10	11	12	13	14	15
A．物的生産部門の企業															
Ⅰ．社会的形態別															
a）国営企業															
b）協同組合＝コルホーズ企業															
そのうちコルホーズ															
c）コルホーズ員の副次経営															
d）労働者・勤労者の副次経営															
e）個人農と協同組合に参加していないクスターリの経営															
〈合　計〉															
Ⅱ．部門別															
1．工　業															
2．農　業															
3．林　業															
4．建設業															
5．運輸・通信															
6．商業・調達・資材物材供給															
B．不生産的機関および組織															
a）住民にサービスする文化・生活機関・組織															
そのうち															
1）教育・文化															
2）保　険															
3）住宅・公営，住民に生活上のサービスするその他の機関および組織															
b）科学的機関および組織															
c）行政・国防の機関・組織															
そのうち															
1）社会的組織															
2）行政・国防															
〈不生産的機関および組織の合計〉															
そのうち															
a）国家機関と組織															
b）協同組合組織・機関															
〈合　計〉															
C．人　口															
そのうち															
a）労働者・勤労者															
b）農　民															
〈国民経済総計〉															
その他，在外よりの流入															
在外よりの流入を含めた総計															

出所：В. А. Соболъ, там же. Таблица No. 5.

および再分配のバランス（財務バランス）（表式）

(単位：100万ルーブル)

社会的生産物と国民所得の再分配																							年間の社会的生産物と国民所得の最終利用							
譲渡受入							内訳															再分配残高	そのうち一時的なもの	社会的生産物の利用合計	内訳					
訳																									生産的物の支出補填	消費	蓄積			損失・損失補填
貯金局	サービス支払	不生産的組織に支払われた労賃	生産部門の企業による直接譲渡	不生産的組織による物的富の住民への譲渡	現金増	債務増	再分配による企業・組織・機関の受け入れ	国家事業から	国家保険から	社会保険から	信用制度から	貯金局から	サービス譲渡からの請入	不生産的労働から住民に受け取られた労賃	奨学金・恩給・年金	生産の部門の企業からの直接的流入	不生産的組織からの物的富の住人への流入	現金減少	債務増								固定フォンド増	物的流動資産・在庫増	蓄積増	
16	17	18	19	20	21	22	23	24	25	26	27	28	29	30	31	32	33	34	35	36	37	38	39	40	41	42	43	44

再分配残高」は生産部門から不生産部門への国民所得の再分配が記載される。最後に「社会的生産物の最終利用」は「生産物の物的支出の補填」(第18欄),「消費」(第19欄),「蓄積」(第20欄),「社会的生産物の損失とフォンドからの損失補填」(第21欄) の各欄にそれぞれ記される。

総括表は全体として,国民経済の所有形態別に拡大再生産の特徴を与え,さらに生産の社会主義的形態,諸部門,再生産の諸局面の相互依存関係を認識する構成をとる。

「労働資源バランス」の特徴は,以下のとおりである。労働バランス作成の目的は社会に存在する労働資源を合理的に利用する情報の提供にある。労働バランスは国民経済における労働生産性を増大させる課題に役立つ。バランスの表側には,(A) 労働資源の構成と (B) 労働資源の分配 (職種別分配) が与えられる。バランスの表頭には,年頭,年末における就業者数と労働者・勤労者,コルホーズ員,個人農・非協同組合的手工業者の年平均数が示される。労働資源バランスを補助するものとして,国民経済の部門別また共和国別の労働資源バランスが存在する。

国民経済バランスの最も重要な部分は「社会的生産物の生産,消費および蓄積のバランス」(物材バランス) である。このバランス作成の目的は,(1) 社会的生産物の大きさとその利用形態の確定,(2) 国民所得の大きさとその利用の性格の規定,(3) 消費,蓄積,拡大再生産の大きさの規定,(4) 国民経済の諸部門の生産的連関の決定と国民の物的福祉の増大の研究である。M. エイデリマンは,このバランスに次の評価を与えた。「1950年の表式とは異なり,このバランス表式は物的生産の諸部門間の相互連関をより広範に解明し,社会的生産物の基本的経済諸部門間の相互連関をより深く研究する可能性を与えている。新しい表式は各々の物的生産部門の生産物がどの形で,どの部門で利用されているかを点検することを可能にしている」と[9]。

バランスの表側は,社会的生産物の生産手段と消費財の区分を示す。他方,バランスの表頭は国民経済への生産物の源泉と分配が示されている。このバランスの特徴のひとつは,第7欄「生産的物的支出 (部門別,社会形態別)」が

区分され，部門連関バランスの要素を含んでいることである。国民経済の諸部門間の技術的連関は，これによって示される。バランスのこの側面は付表の「国民経済部門の生産的連関」でさらに具体化される。しかし，ソーボリの言うように，「部門連関バランスによって研究される問題の意味はどのように大きくとも，再生産の諸問題はこれらにつきるわけではない」[10]。「部門連関バランスは社会主義的生産のほんのわずかの一面を分析するのに役立つ物的バランスの形態のひとつとして検討しなければならない」[11]。ソーボリの言明にみられるように，部門連関バランスが反映する対象は1950年代になって顕著になった諸部門間（とくに工業部門間）の技術的依存関係，取引関係に限定される。

「社会的生産物の分配」は，「ゴータ綱領批判」に示された社会的生産物の利用に対応するものとして作成された[12]。表の目的は国民経済における社会的生産物の利用を詳細に記録し，社会フォンドの形成を特徴づけることである。表式の項目構成を示すと次のようである。(1) 消費された生産手段の補填，(2) 生産の拡大，(3) 不生産的固定フォンドと消費者在庫の拡大，(4) 予備および保険フォンドの拡大，(5) 損失補填，(6) 行政・防衛費，(7) 共同消費［教育，保険，その他の文化生活上の必需品］，(8) 労働不能者のフォンド形成，(9) 物的生産部門に従事する労働者の消費。この「社会的生産物の分配」の表は，「第6表：国民経済の基本的部門の社会的生産物の再生産」とともに，社会的生産物の生産，消費および蓄積のバランスの基礎である。

「社会的生産物と国民所得の生産，分配および再分配のバランス」の表側は(1) 物的生産部門の企業（国有企業，協同組合・コルホーズ経営，コルホーズ員・労働者・職員の個人的副次的経営，個人農および非協同組合的手工業経営の所有形態別および工業，農業，林業，建設業，運輸と通信，商業・調達・資材物財供給の部門別)，(2) 不生産的組織・機関，(3) 住民全体の個々のグループ，労働者，職員，農民の消費と不生産的蓄積が示される。当時の国民経済では生産と分配はコルホーズ生産物の一部を除き，貨幣形態で行われていた。これを受けて，社会的生産物と国民所得の生産，分配，再分配のバランスは，付表の「住民の貨幣収支バランス」とともに財務バランスとして形成された。

「国民経済の基本的部門の社会的生産物の再生産」は，生産手段の生産と消費財の生産との釣り合いの表示と分析，拡大再生産の解明のために作成された。

最後の「国民経済固定フォンドバランス」は，固定フォンドの再生産を示すバランスである。固定フォンドバランスは生産的固定フォンドと不生産的固定フォンドと，二分して表示された。固定フォンドは再生産過程で独自の役割を果たす。すなわち，固定フォンドの再生産はその利用の過程で年々価値を部分的に減少させ，その更新は一挙に行われる。バランスはこの特徴を示す指標を表頭にもつ。年頭，年末の固定フォンドの存在，一年間の固定フォンドの価値の流入，一年間の損耗と退役——バランスのこれらの指標によって報告期の固定フォンドの価値の増大を計算し，固定フォンドの蓄積が決定できる。バランスの表側は生産的固定フォンドと不生産的固定フォンドに二分され，所有形態別，部門別に固定フォンドの存在とその再生産運動を示した。

固定フォンドバランスに固有の問題に，固定フォンドの評価を計算する問題がある。通常，固定フォンドの評価は原初価値と呼ばれる企業の購入価格に基づく計算によって行われた。固定フォンドの磨滅はこの原初価値から計算された。企業に存在する固定フォンドあるいは労働手段はそれぞれが購入された時点の価格で評価づけが行われた。しかし，固定フォンドの再生産を正常な状態で計画化するためには，固定フォンドの評価が年ごとに異なる価格で行われるのは適当でない。そこで，固定フォンドを時価で再評価する試みが行われた。この場合，固定フォンドの価値は対比価格と呼ばれる再生産価値によって評価された。この問題は大修理の欄にも生じる。すなわち，大修理の効果を測る際に，固定フォンドの再生産のすべての要素を正しく計算するためには，対比価格で固定フォンドを再評価する必要性が生じた。また，磨滅（第6欄）の大きさは国家的，協同組合的企業組織，機関の年次報告の資料によって計算された。コルホーズはこの量を算定していなかったので，中央統計局のノルマ計算がこれに代替した。対比価格による固定フォンドの再評価が導入された結果，固定フォンドは単一の価格で算定されるようになり，信頼できる計算が可能になっ

た。

　以上が1957年に中央統計局で公表された国民経済バランス体系の諸表の内容である。当時の一般的認識では，体系構成のこうした改善によって，国民経済の再生産過程を詳しく認識できる条件があたえられた。

1-2　部門連関バランス作成の試み

　1961年，中央統計局は1959年のソ連報告部門連関バランスを作成した（表3-4）[13]。この部門連関バランスの作成は，1957年の全ソ統計家会議の決議を受けたものであった。ソーボリ草案に基づく国民経済バランス体系が採択された統計家会議は，初めて部門連関バランスの諸問題を公の討論にかけた会議としても知られる。会議では A. ペトロフ，Ф. リフシッツ（Ф. Лифшиц）など数理派を代表する論者がソーボリ提案に諸部門の生産的連関を詳細に研究する部門連関バランスが欠如していると指摘し，その採用を主張した。この主張が通って，国民経済バランス体系に部門連関バランスが採用された。ソーボリは会議の結語で次のように述べた，「部門連関を特徴づけるバランス表式をおおいに発展させる必要がある。国民経済バランスにおける部門連関を特徴づける将棋盤バランスを考慮する必要がある」と[14]。

　В. ベルキン（В. Белкин）によれば，部門連関バランス作成作業の進展は，1957～59年の基礎的方法論の検討という準備段階と1960～61年の部門連関バランスの実際の作成段階との二段階に分けられる[15]。1957年に科学アカデミー電子管理機械研究所（ИНЭУМ：Институт Электронных Управлягощих Машин）は，総支出係数の計算を行った。同研究所は次に，海外の資料を数理的に加工して44×44の総支出表を作成した。また，ゴスプラン科学研究経済研究所（НИЭИ：Научно-исследовательский Экономический Институт）は1955年から57年までの物材バランス，分配計画資料を利用して15×15，17×17，24×24の現物支出部門連関バランスを作成した。この表の総支出係数の算定は ИНЭУМ の電子計算機モスクワ2号で行われた。この時期の計算はすべて試算の域をでず，対象とされた産業部門は社会的生産物の全体を包括するものではなかったので，

表 3-4　1959年部門関連バランスの第1象限（公表部分）

(単位：100万ルーブル)

供給部門＼消費部門	1冶金	2燃料	3電力	4機械・金属加工	5研削材	6化学	7木材・製紙	8建設資材	9ガラス・陶磁器	10軽工業	11食品工業	12建設業	13農業	14林業	15運輸・通信	16商業・調達・補給	17その他	18合計
1. 冶金	4,775	69	5	4,393	9	265	125	330	26	36	94	1,620	18	*	125	95	4	11,989
2. 燃料	1,807	1,965	1,341	344	7	236	395	439	59	128	385	431	1,064	5	1,765	102	6	10,479
3. 電力	397	227	4	316	9	193	88	224	13	161	111	201	88	—	150	42	3	2,227
4. 機械・金属加工	339	165	68	3,136	3	55	303	190	28	119	301	2,093	1,415	3	480	73	2	8,773
5. 研削材	7	*	*	63	9	1	4	1	2	1	*	10	5	—	—	1	—	104
6. 化学	134	85	4	1,026	4	2,143	156	35	9	608	54	286	425	3	421	70	13	5,476
7. 木材・製紙	107	409	3	346	1	155	3,102	146	34	134	346	3,015	114	2	174	787	163	9,038
8. 建設資材	14	16	2	53	*	3	16	1,273	7	10	19	5,361	16	1	60	*	*	6,851
9. ガラス・陶磁器	3	1	*	52	*	26	37	—	13	2	46	319	5	—	6	—	—	510
10. 軽工業	142	154	9	305	12	499	361	52	14	15,368	186	566	146	—	145	489	23	18,471
11. 食品工業	10	4	1	7	3	324	24	7	1	616	13,361	83	1,583	—	—	12	—	16,036
12. 建設業	2	3	*	1	*	11	—	1	*	—	—	11	12,436	5	19	—	16	—
13. 農業	—	—	—	—	—	—	30	—	—	4,470	16,468	67	—	6	—	—	—	33,457
14. 林業	—	—	—	—	—	—	143	—	—	—	—	—	—	—	—	—	—	232
15. 運輸・通信	757	2,778	5	799	4	605	1,699	1,726	86	445	1,212	39	762	5	49	166	80	11,167
16. 商業・調達・補給	426	841	8	315	—	84	493	339	89	1,394	3,680	—	2,858	—	—	—	12	10,539
17. その他	177	—	—	71	—	66	78	54	11	98	81	271	6	—	—	—	—	911
18. 合計	9,097	6,717	1,450	11,227	61	4,666	7,054	4,815	392	23,590	36,344	14,373	20,941	30	3,394	1,787	322	146,260

注：＊は50万ルーブル以下であることを示す。
出所：Л. Берри, А. Ефимов (под ред.) 《Методы планирования межотраслевых пропорций》, Москва, 1965, стр. 100-101.

その実践的意義は乏しかった。

部門連関バランスの実際の作成が始まった1960～62年の成果として，1959年報告部門連関バランス（中央統計局）と1962年試験的計画部門連関バランス（НИЭИ）とがある。

1959年報告部門連関バランスは価格表示と現物表示の2種類あり，このバランスの作成には ИНЭУМ, НИЭИ はじめ多くの関連諸機関，中央・地方の統計局研究員が参加した。バランス作成に着手してから完成にいたるまで，約1年を要した。報告部門連関バランス作成のために1960年の4月から6月まで建設部門の全企業の20％を対象に種々の生産物の支出構造を調べる標本調査が実施された。この調査は部門連関バランス作成の際に行われた部門の「純粋化」の基礎資料となった。しかし，標本調査は工業と建設業の一部で行われたにすぎず，農業，運輸業などの部門についてはそれぞれ生産物の物材バランス，運輸統計の既存の資料など中央統計局および他の官庁に存在する統計を基礎に推計された。

1962年試験的計画部門連関バランスは，計画部門連関バランスとしては最初のものであった。このバランス作成の目的は4点あった[16]。

第一は計画部門連関バランス作成のために必要な資料を得るための方法論的諸問題を検討すること，第二は1962年の国民経済の発展計画における部門間の釣り合いを分析すること，第三は電子計算機による部門連関バランスの計算技術を完成させること，第四は部門連関バランスを国民経済計画の実践に導入することである。部門連関バランスを利用することによって，将来の国民経済の生産計画をたてることが可能であると考えられていたが，そのためには最終生産物の大きさと構成が条件として与えられる必要がある。それらが与えられれば，各部門の生産物量と価格は総支出係数をパラメータとして一義的に決定される。1962年の計画部門連関バランスの計算は，次の手順を踏んで行われた[17]。

1. 1962年の国民経済発展計画の資料に基づく1962年の最終生産物量と部門構造の規定
2. 1962年の直接支出係数の決定

3．電子計算機「ウラル2号」による最終生産物1単位に対する総支出係数の算定
4．物的生産部門の総生産物量の決定

その後の大きな作業として1964年の НИЭИ による1970年計画部門連関バランスの作成と1967年に作成された1966年計画部門連関バランスの作成（価格表示，現物表示）がある。以上で紹介した部門連関バランスはすべて全国表であるが，共和国レベルの，すなわちモルダビア自治共和国，タタール自治共和国，カレリア自治共和国などで地域部門連関バランスの作成が試みられた。科学アカデミー中央数理経済研究所（ЦЭМИ），ゴスプラン付属生産力研究会議（СОПС：Совет по Изучению Производительных Сил）が作成の援助にあたった。

1960年代の後半には，部門連関バランスを動学化する試みが進められた。部門連関バランスの動学化が提唱された最大の理由は，従来の静学モデルの部門連関バランスでは生産計画と基本計画とを結合する課題を解決できなかったからである。その後，部門連関バランスを線形プログラムと結合する最適計画法の研究も進捗した。

見られるように，部門連関バランスの作成は一種ブームの感を呈し，その改善のための研究が精力的に続けられた[18]。

1-3 部門連関バランス研究の多様化

部門連関バランス研究の方向性は多岐にわたり，論点も複雑である。議論のすべてを網羅し，しかも簡明な整理をつけることは容易でない。ここでは，そのおよその概観を知るためのひとつの手掛かりとして，1963年3月にゴスプラン科学研究経済研究所主催「経済研究と計画化への数学と計算機の採用をめぐる討論」の内容を紹介する[19]。この討論には，В. С. ネムチーノフ，Л. ベーリ（Л. Берри），М. エイデリマン，А. ペトロフ，Л. В. カントロヴィッチ，А. А. アガンベギャン（А. А. Аганбегян），А. モスクヴィン，В. ダダヤン（В. Дадаян）など，中央および地方の統計機関，ソブナルホーズなど73の機関を

代表する約250人の研究者が参加し，バランスの指標，地域部門連関バランスの作成，最適計画と部門連関バランスとの統合，計画化への適用問題，表示価格の問題，最終生産物の計算問題，消費フォンドなどに議論が及んだ。

会議は4分科会（①全ソ部門連関バランス作成の諸問題，②経済地域の部門連関バランス作成の諸問題，③部門連関バランスのノルマチーフ的基礎の諸問題，④計画的国民経済的課題の解決のための電算機採用）に分かれて討論が行われた。

第1分科会では経済分析と国民経済計画へ部門連関バランスを利用するために，生産物評価を1959年部門連関バランスで使われている最終消費価格から生産者評価に切り替えることの必要性（Н. Соловьев［ソロビエフ］，НИЭИ），「純粋」部門の名称と国民経済計画の指標との照応という部門分類に関する問題（Ю. Швырков［シビルコフ］，НИЭИ），最終生産物の大きさと部門構造を規定するための消費モデルの作成（Н. Кириченко［キリチェンコ］，НИЭИ）が論じられた。

全国各地域の部門連関バランス作成も関心の対象となったことは，第2分科会のテーマから知ることができる。席上，Ю. ガブリレッツ（Ю. Гаврилец），В. ダダヤン，Ю. レイプキント（Ю. Лейбкинд）は，カレリア自治共和国の部門連関バランスの資料に基づいて地域の最適展望計画作成の問題を，Б. スボロフ（Б. Суворов）は同じ資料による自作の固定フォンドバランスを紹介した。В. コソフ（В. Коссов）は地域バランスに固有の移入移出問題，価格問題を取り上げて論じた（以上の論者はいずれも ЛЭММ АН СССР.［Лаборатория Экономико-Математических Методов］に属する）。

部門連関バランスのノルマチーフ的基礎の諸問題を研究した第3分科会は，Ф. クロツボーグ（Ф. Клоцвог，НИЭИ）の報告にみられたように，技術の発展と部門内構造の変化を反映した計画的直接支出係数作成に関する問題のほか，相対的に不安定な技術をもつ農業部門の直接支出係数について論じた М. レメシェフ（М. Лемешев，НИЭИ），П. クレミシェフ（П. Клемышев，НИЭИ）の報告が代表するように，直接支出係数の計算法やその性格がテーマの中心になったようである。なぜなら，ノルマチーフ的基礎を論ずるにも直接支出係数の確

定が前提になるからである。全体として「大会は部門連関バランス法を計画実践へ広範に定着させるための具体的方策と提案をたてる」方向づけを与えた[20]。

　第4分科会では，Ю. ベリコフ（Ю. Беликов），М. ユスポフ（М. Юспов，以上 ВЦ：Вычислительный Центр Госплана）ほかが報告し，計画機関は国民経済発展計画の作成過程で部門連関バランスを作成しなければならないとの勧告が確認された。討論では当面の国民経済計画化のためにノルマチーフ的基礎の創出が決定的条件であるとし，そのために計画部門連関バランスのそれを作成する作業を国家的規模で行う必要性が確認された。勧告には，全ソの，あるいは地域の部門連関バランス作成の際に単一の部門分類で行わなければならないことが盛り込まれた。さらに，勧告は報告統計やノルマチーフ的資料を短期間で得るために，動態モデル作成業務の組織化，動態モデルのさまざまなバリアントの経験の組織化，今後の計画化への動学モデルの複雑なバリアントの導入に配慮した研究の続行，最適国民経済計画化のための部門連関モデルの作成（バランス法は最良の効果的経済的決定の採択と有機的に結びついている）が必要であると提言した。

　部門連関バランス論の計画論への定着には，いくつかの契機があった。第一の契機は1950年代の国民経済の生産力の発展段階，生産の社会化という客観的条件である。すなわち，長年の中央集権的な国民経済の管理，運営は部門間の発展の不均衡をひきおこしたため，改めて部門間の釣り合いを確保することが重要な課題となった。そのための物質的前提条件としての再生産軌道を支える生産手段生産部門の建設を完了させること，産業諸部門間の生産的，技術的結びつきを強化することが確認された。

　第二の契機は従来の国民経済計算体系がこの客観的条件の変化を十分に受けとめる構成をもっていなかったという弱点に対する反省である。それまでの国民経済バランスが物的生産部門間の相互関係を全く示していなかったわけではない。それは社会的生産物の生産，消費，蓄積をあらわす物材バランス（国民経済バランスの基本表）の役割であり，このバランスは物的生産の基本的諸部門間の相互連関と釣り合いの解明に役立った。とはいえ，そこに示された産業

部門は工業，農業，建設といったおおまかな分類によるもので，部門連関バランスの登場はこの物材バランスの限界を取り払うものと期待された[21]。部門連関バランスの作成は，社会的生産物バランスの一層の具体化ないし個々の物材バランスの総合化である。

　第三の契機は戦後の統計学論争で数理派がそのよってたつ方法論的立場に対して批判を受け，統計学分野の主流を形成するに至らなかったものの，この論争自体が経済学と統計学の境界の設定，経済学における数理的方法の意義と限界の確定といった多くの未解決の問題を残したことと関わる[22]。その後の統計学界では，統計学の学問的性格の論議についての結論が曖昧なまま時間が経過し，数理派はこうした議論に与することなく統計実践と計画化実務のなかで研究成果を既成事実として積み上げる方向をとった。部門連関バランス分析研究はその格好の場であった。

　最後に副次的要因として，この時期に標本調査法，最新の計算技術の採用によって，社会経済現象を定量化する技術が発展したことをあげることができる。電子計算機の性能の高度化は，部門連関バランスと数理経済モデルによる計画論の発展の下敷きとなった。

第2節　部門連関バランスの基本性格

2-1　経済計算のための部門連関バランス

　国民経済バランス体系は，それを構成する社会的生産物と国民所得の生産，分配，再分配，さらに労働資源の利用，固定フォンドの再生産の指標によって，社会的再生産の釣り合いと諸要素の相互連関を反映し，全体として拡大再生産の基本的見取図を与える。部門連関バランスは国民経済バランス体系のなかで補助的役割を果たす統計表であるが，「社会的生産物の生産，消費および蓄積のバランス」の物的生産的連関に焦点を絞ってこれを表示する点に特徴がある。

　部門連関バランスは国民経済バランス体系のひとつの要素である。それは

「社会的生産物の生産，消費および蓄積のバランス」が社会的生産の一般的な生産的連関のみを表示する制約，個別物材バランスが部門ごとの生産物の分配に関する資料を欠き，ある生産物の生産と消費の間の直接的連関のみを問題とし，主要な生産物の物的連関のみを特徴づけるにすぎないという制約，要するに既存のバランスが詳細な物的生産部門の生産的連関を反映しないという制約を補完するものと期待された。部門連関バランスは，「国民経済の諸部門間の相互連関を全面的に研究し，部門ごとの社会的生産費を決定しかつ分析し，個々の生産物の生産への総支出を計算することを可能」にし[23]，国民経済バランスおよび物材バランスの体系とあわせて部門間の生産的結合を詳しく研究する資料である。あるいは部門連関バランスは物的生産部門の構造の不断の変化，不生産部門の拡充がひきおこす部門間の連関を調整するための部門計画を支える役割ももつ，というわけである。

　部門連関バランスには，価格表示バランス（表3-5）と現物表示バランス（表3-6）とがある（重要なのは価格表示バランスである）。価格表示バランスと現物表示バランスは，それぞれ次の性格をもつ。「社会的生産物の生産，消費，蓄積のバランス」の具体化である価格表示バランスは，「諸部門間の商品＝貨幣関係を反映し」「ある部門の他部門との現実的連関を反映している」[24]。1959年の部門連関バランスでは83の物的生産部門，すなわち73の工業部門，2つの農業部門，林業，貨物輸送，生産部門に奉仕する通信，商業・公共食堂，農産物調達，資材技術供給，その他に区分されていた。価格表示の部門連関バランスは，交差する水平線と垂直線とによって4象限に区分される。バランスを水平方向に読むことによって，個々の生産物が補填，蓄積，消費のフォンドに分配される過程を，垂直方向にそって読むことによって生産物の価値構成（$C+V+M$）を認識することができる。4つの象限は，国民経済全体の，また個々の部門の社会的生産物の循環を表示し，拡大再生産の四局面を特徴づける。

　第Ⅰ象限は物的生産のあらゆる部門の生産的連関と生産的消費の構造を反映する。行にそって各々の部門の生産物がどの部門に支出されるか，すなわち消費された生産物を補填する生産物の流れがとらえられる。また，列にそって

各々の生産物ごとに物的支出の構造が反映される。この場合，行と列の第一象限内の総額は，バランスしない。その理由は，第Ⅰ象限の反映対象が物的支出に限られ，食料品や個人的，社会的消費にむかう生産物の支出は，この象限の枠を超えるからである。こうして，「報告期の社会的総生産物の補填という観点から第Ⅰ象限には生産手段の単純再生産の過程が反映される。つまり，そこには社会的生産物のどれだけの部分が生産において消費された生産手段の補填に利用されているかが示されている」[25]。

第Ⅱ象限には，国民所得の消費と蓄積への利用が示される。ここには住民の個人的消費，不生産部門（住宅公共経営，旅客輸送，不生産部門に奉仕する通信，教育・保険・文化，科学サービス，管理機関など），蓄積（生産的，不生産的固定フォンド増，流動フォンド，在庫・予備の増加）が含まれ，これらの設定によってこの象限では拡大再生産と物的富の最終消費の過程を特徴づけることが可能になる。

第Ⅲ象限は国民所得の価値構成（$V+M$）を示し，それは労賃，労賃形態をとるその他の貨幣支払，コルホーズでの労働の支払（貨幣，現物による），社会保険への控除，利潤，取引税，コルホーズ・協同組合の純所得，住民の純所得，純所得のほかの要素（利子など）が記入される。

第Ⅳ象限の課題は，国民所得の再分配過程を示すことである。すなわち，不生産部門の労働者の賃金，不生産的な企業と機関の所得の形成過程を跡づけることである。

4つの象限は有機的に関連している。拡大再生産を全体として，また部門別にとらえる部門連関バランスは第一に物的生産部門間の生産的連関を解明し，第二にある部門と他の部門との依存関係を表す係数の計算の基礎資料となり，第三に生産的消費の相互関係の確定を物的生産の部門別に行うことを可能にする。また，部門連関バランスから得られる社会的生産物の構造に関する資料は社会的生産費，収益性，価格形成の諸問題を研究するうえで役立つ。

現物表示の部門連関バランスは個々の物材バランスのジンテーゼと呼ばれるもので，1957年バランスでは石炭，木材など国民経済のうちで重要な意味をも

表 3-5　1959年生産と分配の

	物的生産部門												
	工　業							建設業	農　業			林業	運輸（貨物）
	製鉄用原料	鉄	石炭化学製品	耐火物資	工業用金属製品	その他	工業総計		合計	耕種	畜産		
	1	2	3	4	5	6～73	74	75	76	77	78	79	80
物的支出													
1. 製鉄用原料													
2. 鉄													
⋮　　⋮									Ⅰ				
85. その他の物的生産部門													
86. 物的支出総計（除く減価償却）													
87. 減価償却													
88. 物的支出総計（減価償却を含む）													
89. 賃　金													
90. その他の賃金形態の支出													
91. コルホーズの支払													
92. 社会保険料													
93. 国有企業の利潤													
94. 取引税									Ⅲ				
95. その他の純所得													
96. コルホーズと協同組合の純所得													
97. 住民の純所得													
98. 全生産高													
99. 純生産高													
100. 輸　入													
101. 全生産高（輸入を含む）													

出所：М. Эйдельман, Опыт составления отчётного межотраслевого баланса производства и распределения

第 3 章　国民経済バランス体系の確立と部門連関バランス

部門連関バランス（価格表示）（表式）

通信（生産用）	商業・公共食堂	農産物調達	資材技術供給	その他の物的生産部門	物的生産的消費総計	住民の個人的消費	消費 社会的消費						蓄積 不生産的消費計	固定フォンド（生産的および不生産的）	流動フォンド在庫予備	固定フォンド更新・大修理	その他の支出	固定・流動フォンドの損耗補填	輸出	総計
							住宅・公共経済	乗客運輸	不生産的部門と住民用の通信	教育・保健・文化	科学・科学サービス	管理機関								
81	82	83	84	85	86	87	88	89	90	91	92	93	94	95	96	97	98	99	100	101

Ⅱ

Ⅳ

продукции в народного хозяйства СССР,《Вестник статистики》No. 7, 1961, приложение No. 1.

表 3-6　1959年生産物と分配の部門連関バランス（現物表示）（表式）

(単位：1,000トン)

	測定単位	年頭における在庫（納入者・消費者）	生産	輸入	その他の流入	全資源	支出—合計	内訳						建設業	鉄道	市場向け	その他の支出	輸出	年末における在庫（納入者・消費者）	分配—合計
								鉄鉱石	マンガン鉱	鋳鉄	鋼鉄	黒色金属圧延	トタン	その他（157まで）							
		I	II	III	IV	V	VI	1	2	3	4	5	6	157	158	159	160	161	VII	VIII	IX
1．鉄鉱石	千トン																				
2．マンガン鉱	〃																				
3．鋳　鉄	〃																				
4．鋼　鉄	〃																				
5．黒色金属圧延	〃																				
6．トタン	〃																				
⋮（157まで）	〃																				

出所：М. Эйдельман, там же, стр. 30-31, приложение No. 2.

つ157の生産物に関して作成された。それらの生産物は，工業生産物の目録から生産の大量性，消費の普遍性などの原則に従って，国民経済発展計画の重要な生産物を選択するという方法で決定された。

　現物表示の部門連関バランスは，次の表形式をとった。バランスの最初の部分は，生産物の資源が源泉別（生産，輸入，その他の流入）に表示され，支出部分は生産物の実際の利用，すなわち他の生産物への支出，在庫と予備の増大，不生産的消費，輸出を示す。現物表示の部門連関バランスの重要な部分は，生産物の生産に支出される要素を示す部分である。表頭に記入された生産物は列にそって並んでいる完成品に対し，物的支出の要素である。したがって，バランスのこの部分の資料に基づいて個々の生産物1単位の生産に必要な原材料，燃料，電気エネルギーなどの平均支出を得ることができる。しかし，現物表示の部門連関バランスが対象とする生産物はすべての生産物を含むわけではない。資料には一定の制約がある。以上が価格表示，現物表示の部門連関バランスの

内容である。

　エイデリマンは1959年の部門連関バランス作成の経験に学び，バランスの方法論的諸問題について4点にわたって言及した[26]。

　第一は部門連関バランスの部門分類に関してである。1959年部門連関バランスは部門を「純粋」部門の原理で分類している。「純粋」部門原理とは工業，農業，商業などそれぞれの生産分野に属する企業集団を部門と考える基準と異なり，工場集団から成る企業の生産物の視点から部門を再編する分類法である。部門連関バランスが個別物材バランスのジンテーゼと呼ばれるのは，このためである。「純粋」部門による部門の数は経済の発展に対応した生産の専門化と新生産物の開発によって増大する傾向をもつ。この原理の問題点としてあげられるのは，現実の複雑多岐な技術条件のもとでは，同一の生産物についても種々の生産技術が前提になっているため，同一の生産物の支出構造を一義的に決定することが無理な場合があることである。しかし，当時，物的生産部門を「純粋」部門によるとする立場はЦСУ（中央統計局），ЦЭМИ（科学アカデミー中央数理経済研究所），НИЭИ（ゴスプラン科学研究経済研究所）の各機関はもとより，多くの経済学者によって支持された。問題は部門連関バランスの指標が「組織」部門（企業の総体を部門とみなす）の原理を採用する中央統計局の報告資料と一致しないことであった。このため便宜的措置として，1959年報告部門連関バランス作成の際には，企業の20％の標本調査に基づき既成の企業総体＝部門の「純粋」化が行われた[27]。すなわち，生産物の生産に関する標本調査と非部門生産物の資料によってえられた部門生産物と非部門生産物の比重に従って，個々の企業の非部門生産物が推計され，この部分を各々の部門生産物から排除し，関係する部門生産物に振り分けた。この部門分類は，現実の部門の抽象化である。М. З. ボールは「組織」部門原理による部門分類を重視し，この原理で部門連関バランスを作成することを提唱した[28]。また，ЦЭМИは「純粋」部門が種々の生産技術的条件の差異を反映しないという問題点を検討し，部分的に「部門の組織＝技術的方法」（организационно-технологические способы отрасли）を採用して地域表を作成した[29]。

第二は減価償却をどのようにバランスに反映させるかという問題である。減価償却部分は，生産過程で消費された生産手段の価値補填なので，理論的には第Ⅰ象限に反映されなければならない。しかし，実際の報告資料にこの表示を可能にする資料が欠けているため，1959年部門連関バランスは第Ⅰ象限の外側に独立の欄を設けて表示した。減価償却反映の問題は，論者によって異なった解釈がなされ，係争点となった。B. コソフは，減価償却を第Ⅲ象限に表示するべきと考えた。コソフによれば，最終生産物とは「所与の年における生産的消費の枠をこえて生産されるすべてのもの」[30] であり，この定義によれば減価償却は第Ⅰ象限の枠内に属する。しかし，実際の基本投資が剰余価値によるものか（拡大再生産の要素），償却フォンドによるものか（単純生産の要素）を区別することは難しい。この理由から，コソフは減価償却を生産的消費の枠をこえ，蓄積として理解する考えを示した。O. П. プロツェンコ（О. П. Проценко）はこれと対立する見解を述べた。「問題の価値的側面としては，生産の諸結果は価値による国民所得の大きさ，すなわち生きた労働（$V+M$）の支出によって特徴づけられる」ため，「減価償却は方法論上，バランスの第Ⅰ象限に含めるのが正しい」と[31]。

　コソフとプロツェンコの意見の相違は要するに，理論上の範疇にそのまま合致するように統計数値を確定できるのか，できないのか，ということである。ベーリの言うように，「理論的には固定フォンドの磨滅の補填は，第Ⅰ象限に含まれなければならない」が，「価値によるこれらの資料は計算上の減価償却と一致しえない。報告資料を基礎にこれを行うことは難しい。貨幣表示の減価償却についての既存の資料は，第Ⅰ象限には示されえない」のである[32]。ベーリは折衷的に減価償却の項目を第Ⅰ象限と第Ⅲ象限の中間に設定することを提案した。また，A. エフィモフ（А. Ефимов）は建設生産物の項目を第Ⅰ象限に設定した。エフィモフによれば，減価償却は建設生産物のうち固定フォンドの補填に相当する部分に一致する。エフィモフは生産的固定フォンドと不生産的固定フォンドの区分に配慮し，生産用建設業と不生産用建設業とに区別し，両者を一括して物質的支出の補填フォンドで括った。（しかし，不生産的固定

フォンドの減価償却部分を第Ⅰ象限に含める根拠は示されていない)。

　減価償却の問題でこれだけの議論があったのは，結局，この経済範疇が現実の再生産過程で遂行する固有の運動をいかに統計表に表示しうるのかという難問と関わるからである。固有の運動とは，第一に毎年部門ごとで計算される減価償却の控除が実際に再生産過程で遂行される生産手段の補填と量的に一致しないこと，第二に技術の発展とともに，固定フォンドを生産する価値が低下すると，蓄積された減価償却基金は再生産拡大効果をもつことである。前者は生産手段が年々価値移転していても，使用価値視点からみた固定フォンドが生産過程で機能し続けることをどのように解釈するかという問題であり，後者は価値革命による減価償却の拡大効果を経済学的にどのように理解するかという問題に帰着する。

　第三は社会的生産物の評価に関して，総生産高と総流通高のいずれを採用するかという問題である。総生産高指標によれば商品＝貨幣関係を媒介に行われる現実の部門間の取引関係を反映することになるが，生産物の生産における技術的経済的連関を分析するには総流通高指標による評価が適当である。エイデリマンは，総生産高による価格表示の部門連関バランスが部門連関を歪曲するので総流通高による価格表示のそれを支持する一部の経済学者の見解に反対し，前者が部門と企業間の商品＝貨幣関係をとらえる意義を擁護した。(同時に総流通高による現物表示の部門連関バランスの補完的役割を強調した。)

　第四の論点は，総計のバランスの確保をどのように行うかという問題である。1959年部門連関バランスの作成は，同年の国民経済バランス体系の資料に多くを依拠した。すなわち，社会的生産物，国民経済のあるいは部門別の物的生産費，純生産高，国民所得の消費と蓄積への分配，不生産的消費の個人的消費と不生産的機関の消費への分配，生産的固定フォンドと不生産的固定フォンドの蓄積などに関する資料はすべて，国民経済バランス体系からとられたものであり，この限りですでにバランスの調整はついていた。問題なのは，部門連関バランスに固有のそれとしての上記諸指標の調整とバランス化である。バランス化は次の手順で行われた。まず水平線と垂直線にそった各々の総計の調整，次

に加工段階で相互に密接に結びついている個々のグループの総計，さらに工業，農業，運輸などのすべての部門についてのバランス化，最後に各象限の調整であった。部門連関バランスの資料と国民経済バランス体系の資料との最終的一致は，このような手続きで確保された。

部門連関バランスの基本性格に関わる論点は，以上のとおりである。次に問題となるのは，部門連関バランスの役割，すなわち表式に基づくソ連経済の構造分析と計画化への適用である。この点の詳細は，次節で検討するとして，ここではその前提となる，（部門連関バランスから導出される）直接支出係数と総支出係数がどういうものかを，両者の経済的意味とともに説明する。

2-2 部門連関バランスのモデル化

部門連関バランスに基づく分析の原理は，いわゆる産業連関分析と同様である。後者はよく知られているので，それを念頭に以下の部門連関バランスのモデル化のプロセスを確認していきたい。両者の原理の同一性を認識することができるだろう。

ある部門の他の部門との経済的連関は，次の式で表現できる。

$$X_i = \sum_{j=1}^{n} x_{ij} + y_i \quad \text{(1)}$$

または，

$$X_i = \sum_{j=1}^{n} x_{ij} + d_i + e_i \quad \text{(1')}$$

ここで，

X_j：j 部門の総生産高

x_{ij}：j 部門で消費された i 部門の生産高

y_i：不生産的消費（d_i）と蓄積（e_i）

列にそって，

$$X_j = \sum_{i=1}^{n} x_{ij} + z_j \quad \text{(2)}$$

または，

$$X_j = \sum_{i=1}^{n} x_{ij} + v_j + m_j \tag{2'}$$

ここで

z_i：j 部門の総生産高

v_j：j 部門の労賃

m_j：j 部門の剰余生産物

(1) 式，(2) 式はそれぞれ，「国民経済における社会的生産物の利用方程式」，「社会的生産物の価値方程式」と呼ばれる。

物的生産の同一部門について，また社会的総生産物について，行と列の総計はバランスする。これを式で表すと，

$$\sum_{j=1}^{n} x_{kj} + d_k + e_k = \sum_{i=1}^{n} x_{ik} + v_k + m_k \tag{3}$$

$(k = 1, 2, \cdots, n)$

$$\sum_{i=1}^{n}\sum_{j=1}^{n} x_{ij} + \sum_{i=1}^{n} (d_i + e_i) = \sum_{j=1}^{n}\sum_{i=1}^{n} x_{ij} + \sum_{j=1}^{n} (v_j + m_j) \tag{4}$$

生産への支出と生産物の生産高の関係は，線形関係で表現される。すなわち，ある部門の生産物の生産高が増大すると，それに応じて同門の生産物の支出も増大する。部門連関バランスから2つの支出係数，すなわち直接支出係数と総支出係数を導出できる。直接支出係数 a_{ij} は，次式のとおりである。

$$a_{ij} = \frac{x_{ij}}{X_j}$$

ここから，

$$x_{ij} = a_{ij} \times X_j \tag{5}$$

(5) 式を (1) 式に代入すると，

$$X_i = \sum_{j=1}^{n} a_{ij} \times X_j + y_i \qquad (6)$$

が得られる。

(6)式は行列を使えば，$X = AX + Y$（[7]式）となる。

総支出係数は，(7)式から $X = (I-A)^{-1}Y$ の項 $(I-A)^{-1}$ としてあらわされる。

直接支出係数はある部門の生産物の他部門の生産物の生産への支出であり，この値は所与の部門の生産の性格と技術水準に依存している。この係数にはそれゆえ，任意の生産物のどれだけの量が直接に他の生産物の生産に支出されるのかが示される。直接支出とともに，部門間の相互連関の研究に重要な意味をもつのは，所与の生産物が他の生産物の生産に直接に，間接に必要な支出，すなわち総支出の計算である。部門連関バランスによってこの総支出の計算が可能である。個別物材バランスでは，この間接的支出は計算できない。

前節でみたように，部門連関バランスの原型は当初，1957年の国民経済計算体系の「社会的生産物の生産，消費および蓄積のバランス」の付表として登場した。この表では，部門の数は限られていた。1959年部門連関バランスでは，諸部門の生産的連関を表示するという大きな目標があったが，部門を「純粋」部門原理に従って再編することにより，社会的生産物の運動，すなわち生産，分配，再分配を表示することが可能となった。その意味で，1959年部門連関バランスは国民経済バランス体系の諸部門の生産的連関を示す表より，その対象を著しく拡大した。また，部門連関バランスを資料とした直接支出係数，総支出係数の算出は，諸生産物の生産的結合をより深く認識するのに役立つ，とされた。部門連関バランスが1957年の国民経済バランス体系に占めた位置から一躍，拡大再生産を表示する総合バランスの役割を果たすかのように評価された所以である。しかし，部門の「純粋」化，数理的方法による部門連関の決定の手続きの抽象性に鑑みると，部門連関バランスを再生産の分析と計画化に全面的に応用しうると主張する根拠は，現実的でない。そこで，次に部門連関バランスが再生産の分析と計画化にどのように使われようとしたのかを検討する。

2-3 再生産分析への部門連関バランスの適用

部門連関バランスは，ソ連経済の構造を反映するにとどまらず，その構造を分析し，国民経済あるいは地域経済の計画化に利用するための道具として期待された。本節では，部門連関バランスがどのように分析と計画化に適用されたのかを点検する。

まず部門連関バランスを使った分析の一例を示す。資料として，中央統計局が作成した「1959年ソ連邦国民経済部門連関バランス」（101行×101列）の利用が考えられる。ただし，「1960年版ソ連邦経済統計年鑑」(Народное хозяйство СССР в 1960 году, Статистический Ежегодник, Москва, 1961) に公表された原表は，第Ⅰ象限のみであり（そこにはいくつかの修正，訂正がなされている），国民経済の分析に適当でない。その後，А. Н. エフィモフ，Л. Я. ベーリによる著作『部門間の釣り合いの計画法』[33]に，信頼できる統計に基づいて簡略表が掲げられたので，この表を参照する（表3-7）。

国民経済の拡大再生産構造の解明は，社会的総生産物の価値構成と素材構成とを部門連関バランスを用いて明らかにすることで果たされる。そのためには，部門連関バランスを2部門分割，3価値構成に組み替えなければならない。部門連関バランスの構成要素のうち，生産手段生産部門に属するのは生産的要素への生産物の全支出，基本的生産フォンド増，流通手段と在庫増（商品形態の在庫増と消費財と関係する在庫部分を除く），個人的副次経営における生産的需要のための在庫増（種子，飼料など）である。

消費財生産部門に属するのはすべての不生産的消費，不生産的基本フォンド増，不生産的消費のための流動手段と在庫増である。生産手段生産部門と消費財生産部門の価値構成は，表3-8のとおりである。

この表はエイデリマンによって作成され，実際の統計を使って公表されたものとしては最初のものであった[34]。表3-8を参考に，対応する統計を1959年部門連関バランスから直接計算すると[35]，まず減価償却を含む物的投入 C は1,404億ルーブル（表3-8の数値とは若干異なる），すなわち物的支出の総額

表3-7　1959年部門連関バランス

(単位:10億ルーブル)

	経常流入補填フォンド								最終生産物					総生産高
	工業			建設業	農林業	運輸・通信	商業・補給・調達	その他	小計	消費フォンド	蓄積フォンド	輸出	輸入(−)	合計	
	全体	重工業	軽工業												
	1	2	3	4	5	6	7	8	9	10	11	12	13	14	15
工　業	71.2	38.7	32.5	14.2	5.3	3.2	1.7	0.4	96.0	72.6	23.7	4.6	7.8	93.1	189.1
重工業	38.4	35.4	3.0	13.6	3.6	3.2	1.2	0.4	60.4	13.3	18.2	3.5	2.9	32.1	92.5
軽工業	32.8	3.3	29.5	0.6	1.7	*		0.5	*	35.6	59.3	5.5	1.1	4.9	61.0	96.6
建設業	—	—	—	—	—	—	—	—	—		29.2			29.2	29.2
農林業	21.3	0.4	20.9	0.1	12.4	*	—	*	33.8	17.7	1.6	0.7	1.3	18.7	52.5
運輸・通信	10.2	8.6	1.6	*	0.8	*	0.1	0.1	11.2	—	—	—	—	—	11.2
商業・補給・調達	8.3	3.2	5.1	—	2.9	—	—	*	11.2	—	—	—	—	—	11.2
その他	0.8	0.6	0.2	0.3	*	—	—	—	1.1	1.9	*			1.9	3.0
小　計	111.8	51.5	60.3	14.6	21.4	3.2	1.8	0.5	153.3	92.2	54.5	5.3	9.1	142.9	296.2
減価償却費	5.1	4.3	0.8	0.5	2.1	1.4	0.4	*	9.5						
合　計	116.9	55.8	61.1	15.1	23.5	4.6	2.2	0.5	162.8						
国民所得	72.2	36.7	35.5	14.1	29.0	6.6	9.0	2.5	133.4						
総生産高	189.1	92.5	96.6	29.2	52.5	11.2	11.2	3.0	296.2						

注：*は50万ルーブル以下を示す。
出所：Л. Берри, А. Ефимов（под ред.）,《Методы планирования межотраслевых пропорции》, Москва, 1965, стр. 96-97.

1,628億ルーブルから運輸・通信と商業・補給・調達の総生高の和である224億ルーブルを控除した額になる。$V+M$に相当する国民所得総額は，1,372億ルーブルである。したがって，社会的総生産物の価値構成は次のようになる。

$$1404(C) + 1372(V+M) = 2776$$

エイデリマンの表は1959年部門連関バランスの資料に基本的によっているが，表に記入された統計がどのように具体的に求められたかは定かでない。もっとも，部門連関バランスの資料とおよその対応をつけることはできる。エイデリマン表の第1部門の総生産高1,633億ルーブルは，C_1，C_2，M_{c1}，M_{c2}の総和である。C_1+C_2は1,404億ルーブルである。$M_{c1}+M_{c2}$は国民所得の用途別支出の

統計の固定フォンド増の一部からなる。第2部門の生産高1,135億ルーブルは，消費フォンド973億ルーブル，非生産的固定フォンド増89億ルーブル，消費財在庫増73億ルーブルの合計である。部門連関バランスの

表3-8　1959年ソ連経済の再生産表式

	C	V	M	P
第1部門	850	482	301	1,633
第2部門	556	241	338	1,135
全体	1,406	723	639	2,768

出所：М. Эйдельман.《Межотраслевой баланс общественного продукта》, Москва, 1966, стр. 278.

資料によれば，1959年の総生産高は表から2,962億ルーブルである。しかし，部門連関バランスは消費者価格評価で作成されているので，社会的総生産物の真の大きさを得るには，総生産高2,962億ルーブルから，運輸・通信部門の生産高112億ルーブル，商業・補給・調達部門のそれ112億ルーブルを差し引かなければならない。

Л. ベーリ，Ф. クロツボーグ，С. シャタリン（С. Шаталин）は，1959年部門連関バランスの資料に基づいて，国民経済の生産的連関とその部門構造を分析している[36]。その分析によると，生産物の利用について，工業生産物の半分以上は，この時期に補填フォンドに向けられている。さらに，生産物ごとにみると，黒色金属で97.7％，建設資材で94.0％，機械製造で47.8％が補填フォンドに向けられた。

次に掲げるのは工業と農業の利用構造を，ソ連とアメリカについて比較した表である。（表3-9）。ソ連の資料は部門連関バランス，アメリカの資料は1947年の産業連関表である。

ベーリ，クロツボーグ，シャタリンはこの表を参照して，若干のコメントを与えた。第一に，工業で利用される工業製品の割合は，ソ連ではアメリカに比べて小さい。その理由として，ソ連の生産財価格の相対的な低さ，コンビナートの高い水準と専門化の立ち遅れがあげられる。第二に，ソ連では建設業に向かう工業生産物の比重が大きい。これはソ連の拡大再生産の高いテンポと，住宅建設を重視する政策を裏付けている。第三に，ソ連では直接，蓄積と消費に向けられる農業生産物の割合が大きい。

表3-9 ソ連とアメリカにおける工業生産物と農業生産物の利用構造

	ソ連		アメリカ	
	工業	農業	工業	農業
生産物の利用合計	100.0 (%)	100.0 (%)	100.0 (%)	100.0 (%)
内訳				
I 物的生産物の経常資質補填	48.9	62.7	57.5	71.7
工業	36.2	39.5	45.9	44.4
建設業	7.2	—	4.7	0.2
農業	2.7	23.2	1.8	24.5
貨物輸送，生産に奉仕する通信	1.7	—	1.4	0.1
商業・調達・資材供給，その他	4.1	—	3.7	1.9
II 消費と蓄積	48.8	36.0	38.4	26.0
III 輸出	2.3	1.3	4.1	2.9

出所：Л. Берри, Ф. Клоцвог, С Шаталин. Опыт расчёта эксперметального планового межотраслевого баланса на 1962 год,《Плановое хозяйство》No. 9, 1962, стр. 52.

　生産物利用構造の分析のほかに，部門連関バランスは消費構造の分析と計画化に寄与する消費フォンドの部門構造を示す情報を提供する。消費フォンドの4分の3は工業生産物からなる。生産力の発展のひとつの指標として，消費フォンドに占める重工業製品の割合を高めることが課題とされた。他方，蓄積フォンドの部門構造，とくに固定フォンドの蓄積をみると，建設業生産物の比重は大きいことがわかる。これは拡大再生産の高いテンポが新建設によって行われたことを示す。この結果，政策課題として建設の価値を低下させること，再生産の物質的基礎を創出することが，要とされた。

　部門連関バランスが貢献しうる部門間の相互関係の分析は，直接支出係数と総支出係数の資料によって行うことができる。エイデリマンが掲げた現物表示の1959年部門連関バランスで作成した表によると，各部門の両係数は次のとおりである（表3-10）。（エイデリマンは価格表示のそれについても，別途計算し，表として掲げている。）

　部門連関バランスの作成は，一部の論者によって計画業務実践への新方法導入の第一歩であり，「方法論的性格の一連の複雑な諸問題を解決する可能性を与え，このことは疑いもなく計画部門連関バランスに対する仕事を軽減する」

表3-10 石炭，電力，黒色金属圧延の工業生産物に対する直接支出，総支出係数
（現物表示の1959年報告部門連関バランスの資料による）

	測定単位	直接支出	総支出		測定単位	直接支出	総支出
〈石炭の支出〉				石　炭	kwh/t	19.8	23.1
コークス	kg/t	1,434	1,526	貨物自動車	kwh/定員	1,750	5,309
電　力	kg/千kw	526	587	乗用自動車	kwh/定員	1,679	3,898
耐火材料	kg/t	86	514				
セメント	kg/t	135	147	〈黒炉金属圧延支出〉			
窓ガラス	kg/千・m²	5,244	6,206	貨物自動車	t/定員	2.3	3.6
鋳　鉄	kg/t	29	1,412	乗用自動車	t/定員	1.0	1.7
鉄　鋼	kg/t	42	1,018	トラクター	t/定員	2.6	3.8
黒色金属圧延	kg/t	48	1,464	穀物コンバイン	t/定員	4.0	6.3
電気合金	kg/t	69	3,760	幹線電気機関車	t/定員	119.7	156.5
鉛　糖	kg/t	739	955	幹線旅客車	t/定員	36.8	45.3
〈電力の支出〉				金属切削台	t/定員	0.9	2.0
アルミニウム	kwh/t	18,163	21,703	鍛冶プレス機	t/定員	3.5	4.5
黒色金属圧延	kwh/t	1,133	14,026	掘削機	t/定員	12.1	16.4
鉄　鋼	kwh/t	50	283	石炭コンバイン	t/定員	7.4	9.6
電気合金	kwh/t	4,374	6,259	冷房装置	t/集合体	0.2	0.6

出所：М. Эйдельман, Опыт составления отчётного межотраслевого баланса производлства и распределения продукции в народного хозяйства СССР,《Вестник статистики》No. 7, 1961, стр. 13.

と評価された[37]。

　計画支出係数は第一に技術水準の変化によって，第二に生産組織の改善によって変化する。したがって，計画支出係数は計画期に達成される新しい技術水準と生産組織の変化に規定された部門構造を反映するように，計画期間によって与えられたノルマチーフ的基礎に基づいて決定される。たとえば，1962年価格表示計画部門連関バランスの計画支出係数は，次のように作成された。基礎資料となったのは，1959年価格表示報告部門連関バランスの直接支出係数であった。4,260の直接支出係数のうち重要な意義をもつとみなされた500のそれは，すべての物的支出の95％を占めた。この部分について，計画期の技術の変化，生産組織の変化を考慮して修正が行われた。修正のための資料は，科学研究機関，ゴスプランによって提供された。

　総支出係数は直接支出係数から静態開放モデル（открытая статистическая модель）を用いて計算される。総支出係数をパラメータとして，開放モデル

にある一定の大きさと構造の最終消費を与えると，部門別，国民経済全体の総生産高を一義的に得ることができる。

部門連関バランスの特徴は，代替生産物と生産方法の差異を考慮し，種々のバリアントのバランスが作成できること，異なる最終生産物の大きさと構造を外的に与えると異なるバリアントの生産量を得ることができることにある。したがって，あるバリアントを他のそれと比較考量することで，各々のバリアントの国民経済効率（народнохозяйственной эффективность）が明らかになる。あわせて，生産量と価格の最適化をはかることもできる。

部門連関バランスの計画化への適用に関して，問題点の自覚がないわけではない。エフィモフは，部門連関バランスが計画化のなかで有効な役割を果たすために必要な三条件をあげた。第一は部門連関バランス作成の統一的方法と単一の品目を確定することであった。部門連関バランスの作成はいくつかの計画機関，研究機関で作成されるが，方法論上の一致がない（たとえば物的生産部門の内容がそうである）。そのため，部門連関バランスの発展とその計画化への適用条件にハードルがある。このハードルを克服するため，表式とその作成方法の改善，現物表示と価格表示の部門連関バランスの指標を統一させることが検討されなければならない，と考えられた。

関連して，国家計画と国家の統計報告に掲載される生産物と部門連関バランスの品目を照応させる課題が確認された。この課題は必ずしも概念の完全な同一性を求めるのではなく，ある品目の他の品目への移行の可能性を保証する条件の設定である。「計画のあらゆる分野の統一は多くの点で部門分類の統一によって条件づけられている」と[38]。計画機関，統計機関はそれぞれの独自の部門分類を採用しているため，国民経済の計画化と分析は支障をともなった。このため生産物の生産技術の同種性，生産物の経済的使途，利用されている資材の同種性を基準に，部門概念の統一化が日程にのぼった。

第二は部門連関バランス作成のための統計的基礎の拡充という課題であった。当時の部門連関バランス作成のための情報は，十分でなかった。「統計報告を完成させることは，報告部門連関バランスの体系的作成のための確実な基礎を

つくり，それは重要な経済的指標の動態系列を作成する可能性を保証し，国民経済の構造変化の重要な方向を研究することを可能にする」のである[39]。

　第三は部門連関バランスの計算のためのノルマチーフの創出であった。部門連関バランスは個別物材バランスが大きな役割を果たす資材・物材計画と生産計画，基本投資計画を調和させ，生産組織の変化などの計画的指導といった部門計画が国民経済全体の計画化に果たす役割を保証する使命をもつ。部門連関バランスの使命をこのように理解することはまた，それが従来の国民経済計画に完全に代替するという見解が一面的であること，国民経済建設を実践する際の指導的環の設定，消費の計画化が部門連関バランスのみで解決できないことを確認することであった。

　部門連関バランス研究には，以上のほかにも多くの余地があると見られた。それらは第一に表式の改善，とくに基本フォンドの再生産の表示，動態モデルの開発であり，部門連関バランスの方法論，概念構成の検討であり，第二は部門連関バランスを作成するのに不可欠な統計，情報の整理であり，第三は計画部門連関バランス作成に不可欠なノルマチーフ的基礎の創出であり，第四は基本投資計画，生産計画，資材技術供給計画と部門連関バランスとの関係をより明確にすることであった。最後に地域計画の重視ともに地域部門連関バランスの作成と改善への要請も指摘された。

おわりに

　以上，本章では1950年代後半に確立されたことを国民経済バランス体系の全体図とその内容を点検し，同時にこの時期に踵を接して登場した部門連関バランスを紹介し，その基本性格を確認した。振り返ってみれば，この時期の国民経済バランス分野では一方で戦前からの紆余曲折を経て作成されてきた国民経済バランスが集大成され，体系化されたものの，他方では部門連関バランスの登場に象徴される新たな要素が芽生え，その後の展開の契機が胚胎していたと総括できる。この延長で国民経済バランスは国連主導の国民経済計算体系との

接近が意図され，以後実際にその作成に向けた作業がルーティン化していくこととなった。部門連関バランスに関しては，その過大評価を諫める空気がないわけではなかったが[40]，全体としてはこれを受容し，定着化の方向をとった。

部門連関バランスとそれを活用した部門連関バランス分析は，本章でみたとおり，産業連関表および産業連関分析と類似の統計表，分析手法である。したがって，前者の意義と限界は後者のそれと同一であり，筆者は前者のそれについて別の個所で取り上げたことがあるので，ここで繰り返さない[41]。ただ一点だけ，すなわち部門連関バランスが登場したこの時期に，この国では，資本主義国での産業連関分析批判を批判する論稿が次々に登場したことは指摘しておく必要がある[42]。その主張は，概略，次のような内容であった。資本主義の無政府生産のもとでは産業連関分析が効果をもたらす客観的条件が存在しない，社会経済的諸関係をワルラス以降の一般均衡論の観点によりながら数理的，技術的手法でモデル化するならば，社会的再生産が歪曲される，しかし産業連関表をマルクス再生産論で再構成し，これを社会主義の諸条件に適用するならば，その分析は有効となる。現時点でこの主張を再読すると，これらの評価は極めて折衷的であることがわかる。部門連関表とそれに基づく分析の体系的受容は，この折衷的評価の帰結であった[43]。このことを確認して本章を閉じる。

注

1) 部門連関バランスを国民経済バランスの略史のなかに位置づけて紹介した文献として以下のものがある。芳賀寛「国民経済バランス論における部門連関バランス研究」『経済分析と統計利用——産業連関論および所得分布論とその適用をめぐって——』梓出版社，1995年。ほかに，次の論稿も参照。中野雄策「ソビエトの国民経済バランスの一考察 (1)・(2)・(3)」『フェビアン研究』第12巻第2号 (1961年3月)，第12巻第5号 (1961年5月)，第12巻第12号 (1961年12月)。

2) 部門連関バランスに関する基本テキストとして，次の文献を参照した。М. Эйдельман. 《Межотраслевой баланс общественного продукта》, Москва, 1966.

3) В. С. ネムチノフはじめソ連統計学界の数理派に属する研究者のなかには，部門連関バランスの源流を「1923/24年バランス」に求める論者がいた。長屋政勝はこの見解に対して批判的であった，「ネムチノフの主張する23/24年バランス=レオ

ンチェフの連関論＝部門連関バランス，の理論的方法論的同一性は存在しなく，ここで成立するのは連関論＝部門連関バランスの方法論的同一性のみである」と（長屋政勝「ソヴェト統計学における初期国民経済バランス作成の試み――所謂1923/24年バランスの方法論的基礎（その一）」『龍谷大学経済学論集』第8巻第4号，1969年，31ページ）．

4) 野沢正徳「部門連関バランスの諸形態と固定フォンド（1）・（2）・（3）」『経済論叢』101巻第2号，第4号，102巻第3号，（1967～68年）．

5) 横倉弘行「再生産表式と部門連関バランス論」「部門連関バランス論の展開――動学的バランスモデル――」「社会主義の構造――1972部門連関バランスの再現」『経済学と数量的方法』青木書店，1978年．

6) 芳賀寛，上掲論文．

7) 岩崎俊夫「数理科学的経済分析と計画法の方法論的特質」『統計的経済分析・経済計算の方法と課題』八朔社，2003年（同論文は『科学の方法と社会認識』汐文社，1979年，所収）．

8) この節の叙述は，В. А. Соболь.《Очерки по вопросам баланса народного хозяйства》, Москва, 1960 に多くを依拠している．

9) М. Эйдельман. Из истории баланса народного хозяйства СССР,《Вестник статистики》No. 8, 1958, стр. 54.

10) В. А. Соболь. там же, стр. 158.

11) 同上．

12) 「ゴータ綱領批判」での社会的生産物利用の表式は，以下のとおりである．（1）消費された生産手段の償却資金，（2）生産拡張のための追加分，（3）災害，自然現象による破壊などに対する予備基金および保険基金，（4）学校衛生などの需要の協同的充足に予定されているもの，（5）労働不能などのための基金，（6）個々の生産者の消費手段（マルクス／西雅雄訳『ゴータ綱領批判』岩波書店，1975年）．

13) См. Народное хозяйство в 1959 году, Статистический ежегодник, Москва, 1960. 原表は101行×101列で，消費者価格表示．『国民経済統計集』に掲げられた部門連関バランスは第Ⅰ象限の86行×86列の規模（公表は73行×73列）であるため，ここでそれを再掲できないので次の文献に示された18行×18列の縮約表を示した．Л. Берри, А. Ефимов（под ред.）《Методы и планирования межотраслевых пропорции》, 1965, Москва, стр. 100-101.

14) В. А. Соболь. Об основых методологических проблемах отчётного баланса народного хозяйства,《Вестник статистики》No. 4, 1957, стр. 112.

15) А. Аганбегян. В. Белкин.《Применение математики и электронной техники

в планировани». 1961, Москва, стр. 53-54.

16) Л. Берри, Ф. Клоцвог, С. Шаталин. Опыт расчёта экспериментального планового межотраслевого баланса на 1962 год, 《Плановое хозяйство》 No. 9, 1962, стр. 34.

17) Л. Берри, Ф. Клоцвог, С. Шаталин. там же, стр. 35.

18) G. Treml, M. Gallik, L. Kostinsky, *The Structure of Soviet Economy, Analysis and Reconstruction of the 1966 Input-Output Table*, 1972, p. 12.

19) この会議の模様については、次の文献参照。Метод межотраслевого баланса——в практику планирования и экономического анализа, 《Плановое хозяйство》 No. 5, 1963, стр. 20-26.

20) там же, стр. 26.

21) М. Эйдельман. К вопросу о построении отчётного межотраслевого баланса производства и распределения продукции в народного хозяйства СССР, 《Вестник статистики》 No. 1, 1960, стр. 57.

22) 1954年会議での議論の一部は前章の注40で紹介したが、当該問題に関わるК. Б. オストロヴィチャノフの結語は、次のように曖昧なものであった。「統計学の論争中の問題が広範な討議もされずに、他の社会諸科学ならびに自然科学の代表者の参加をともなわない、専門家の狭いグループのなかで解決されたという事態は、闘争の深刻化と尖鋭化、統計学者のなかにおける派閥の形成に導いた。結局は、普遍的科学としての統計学という理解の支持者たちが、社会経済問題の統計学による研究ということの過少評価を露呈した。社会科学としての統計学という理解の支持者たちは、こんどは逆に、社会現象の研究に数学的方法を利用することを危ぶみはじめたり、統計的＝数学的方法の技術、とくに品質の研究に対する利用を過少評価した」（有沢広巳編『統計学の対象と方法——ソヴェト統計学論争の紹介と検討——』日本評論社、1956年、224ページ）。論争は統計学の学問的性格の規定というアカデミックなテーマで、妥協的結論を示すにとどまった。

23) М. Эйдельман [1960]. стр. 57.

24) Л. Берри, А. Ефимов. Методы построения межотраслевого баланса, 《Плановое хозяйство》 No. 5, 1960, стр. 25.

25) М. Эйдельман. Опыт составления отчётного межотраслевого баланса производства и распределения продукции в народного хозяйства СССР, 《Вестник статистики》 No. 7, 1961, стр. 13.

26) М. Эйдельман [1961], стр. 13.

27) この調査の内容については、М. Эйдельман [1960], стр. 66-69. が詳しい。

28) М. З. Бор.《Очерки по методологии и методике планирования》, 1964, Москва, стр. 122.
29) 《Межотраслевой баланс производства и распределения продукции экономического района》, Москва, 1964, стр. 57.
30) там же, стр. 11.
31) О. П. Проценко. Межотраслевой баланс производства и распределения продукции экономического района,《Экономика и математические методы》, No. 2, 1965, стр. 307.
32) Л. Берри, А. Ефимов. там же, стр. 28.
33) Л. Берри, А. Ефимов.《Методы и планированя межотраслевых пропорции》. Москва, 1965.
34) 岡稔「ソ連経済の再生産構造」『経済研究』第19巻第3号, 1968年1月, 253ページには, 1959年部門連関バランスに関わる詳細な分析がなされている。同「ソヴェトの国民経済産業連関バランス」『経済研究』第14巻第3号, 1963年7月, も参照。
35) 1959年部門連関バランスの公表数値の根拠は明確でないものが多く, 分析には種々の推計が必要になる。このため経済の構造は大まかな把握しかできず, 統計利用者として不満が残る。
36) Л. Берри, Ф. Клоцвог, С. Шаталин. Межотраслевой баланс и его использование в планирование,《Плановое хозяйство》No. 2, 1962, стр. 51-52.
37) Л. Берри, А. Ефимов. там же, стр. 37.
38) Ю. Швырков. Класиификация отраслей и народнохозяйственное планирование,《Плановое хозяйство》No. 5, 1965, стр. 14.
39) А. Ефимов. Теоретические и практические вопросы внедрения межотраслевого баланса в планирование народного хозяйства,《Плановое хозяйство》No. 5, 1963, стр. 19.
40) たとえば, ゴスプラン議長, Н. バイバコフ (Н. Байбаков) は次のように述べた,「残念なことに, 近年, 国民経済バランスに対する理論的, 方法論的研究は弱まった。この原因のひとつは, 明らかに, 部門連関バランスの役割の過大評価と, 若干の研究者による部門連関バランスの国民経済への対置であった」と。(Н. Байбаков. Дальнейшее совершенствование планирования—важнейшая народнохозяйственная задача,《Плановое хозяйство》No. 3, 1974, стр. 12.)。
41) 岩崎俊夫「産業連関分析の有効性について」『経済学研究』(北海道大学経済学部) 29巻第3号, 1979年, 同「産業連関分析の有効性に関する一考察」『研究所報』(法政大学・日本統計研究所) 第7号, 1983年, 同「産業連関分析の現在とその展開」

『統計的経済分析・経済計算の方法と課題』八朔社，2003年。

42) В. Белкин, И. Бирман. Книга америкаских экономистов о методе《Затраты-выпуск продукции》,《Вопросы экономики》No. 6, 1959; С. Никитин. В. Леонтьев и др.《Исследования структуры американской экономики》,《Вестник статистики》No. 6, 1959; А. Аганбегян. Книга буржуазных экономистов о методе затраты-выпуск,《Плановое хозяйство》No. 8, 1959. なお，長屋政勝は次の論稿でソ連，東独の産業連関論批判の内容を紹介している（長屋政勝「産業連関論」『講座：現代経済学批判Ⅲ——現代経済学と現代——』日本評論社，1974年）。

43) 日本の経済学者もこの評価を繰り返した。たとえば，関恒義は，ワルラス流の一般均衡論の見地は産業連関論の基本性格と無関係であり，問題なのは産業連関論を極値条件によって改造し，これを一般均衡論の特殊理論とする近代経済学者の姿勢である，と指摘した。さらに，関は産業連関論を労働価値論によって基礎づけ，マルクス再生産論の具体化として再構成するならば社会主義経済のもとで計画化に適用可能である，と述べた（関恒義『現代資本主義と経済理論』新評論，1968年，224～225ページ）。

第4章　国民経済計算体系の方向転換
――MPS と SNA の統合――

はじめに

　本章では，ソ連経済体制末期（1990年前後）の国民経済計算体系の方向転換，すなわち国際連合が推奨し主要資本主義国で作成されている SNA のこの国での導入について，その背景と問題点を考察する[1]。

　国民経済計算体系は，社会的再生産あるいは経済循環をとらえる統計指標体系である。当時，国民経済計算体系の型は資本主義諸国で作成されていた体系（System of National Accounts：以下 SNA と略）と社会主義諸国で作成されていた体系（Material Products System：以下 MPS と略）の2とおりあった（ここで，あるいはこれ以降，本文中で扱われる SNA は1968年に国連によってその基準が示された所謂「68 SNA」を指す）[2]。両者は，それを作成する機関が属する経済体制，依拠する経済理論の相違によって，形式的にも，内容的にも異なっていた。ソ連統計学界の支配的見解はかつて，両者を相いれない体系とみなしていた。

　ここで両者に簡単な特徴づけを与えると，SNA は経済循環の諸局面をそれぞれ独自に反映し，別個の沿革をもつ国民所得統計，資金循環表，産業連関表，国民貸借対照表，国際収支表の統合経済統計システムである。これに対し，MPS は社会的再生産の生産，分配，消費の諸局面を物的生産部門に焦点を絞ってまとめたバランス表体系であり，この体系は「国民経済総括バランス」「社会的生産物の生産，消費および蓄積のバランス（物材バランス）」「社会的生産物と国民所得の生産，分配，および再分配のバランス（財務バランス）」「国民

経済労働資源バランス」などの基本表と数枚の付表とによって構成されていた。

ソ連崩壊直前での国民経済計算体系の方向転換は、具体的にはそれまでのMPS中心に作成されていた経済計算体系にSNAの導入が志向され、さらにそれが実務レベルの課題として提起されたこと、そのこととの関係で1988年よりGNP指標が採用され、公表されたこと、そしてSNA準拠の部門連関バランス（産業連関表）の作成が予定されたことなどを指す。この当時、MPSとSNAとの比較検討、両者の連結、統合の試みは、国連でも試行された[3]。また、統計学界でも国民経済バランス体系と異なる種々のバランスモデルが提起され、それらをめぐって議論が積み重ねられた[4]。SNA方式採用に関わるこうした一連の動向は、従前のバランス作成経験の延長にみられたものである。

新たな特徴は国民経済計算体系の展開がSNA方式導入というそれまで考えられなかった方向で進んだこと、しかもそれが実務レベルで喫緊の課題として取り組まれたことであった。本章では、上記の展開がもたらした問題点を明らかにする。

この課題を検討するにあたり、筆者の問題関心は3点ある。第一に、SNA方式導入がソ連の当時の社会経済の変化と関連があるので、そのこととの関連でこの問題を整理する。第二に、SNA方式の導入によってソ連の国民経済計算体系はMPSとどのように関係するのかという問題がある。第三に、この経済計算体系の新たな編成のもとに、それぞれを支える経済理論の位置と役割とが点検されなければならない。

第1節 SNA方式導入の背景

1-1 市場経済への移行とMPSの限界

まず、SNA方式導入はどのような意味でソ連のマクロ経済計算の方法論の改善に寄与すると考えられたのであろうか。この問いに対する回答は、SNA導入の背景と契機を理解することで確認できる。当時、主として2点の説明が

なされた。

　第一は政治と経済の改革，すなわちペレストロイカの過程で，市場経済の包括的導入が志向され，そのことが市場経済を前提とした経済循環表であるSNAの評価を促したことである。この説明の当否は，志向された市場経済の内容を検討しなければならず，またSNAがいかなる意味で市場経済に合致する経済循環表なのかが説明されなければならない。

　第二は不生産部門，サービス部門の国民経済に占める役割が大きくなってきたためにSNAの登場が不可欠になったという認識である。この場合にも，MPSと比較しつつ，SNAがサービス部門をどのように表示するのかを確認する必要がある。

　結局，ここでの課題はSNA方式導入の推進者が市場経済への移行との関係をどうみていたのか，またSNA作成にあたり市場経済の要素と不生産部門がどう組み込まれたのか，以上2点を検討することに絞られる。

　まず前者について，SNA方式導入の推進者であるИ. ポゴソフ（И. Погосов）と Б. リャブーシキン（Б. Рябушкин）が『経済と生活』誌に寄せた論稿で確認する。また後者については，SNAの枠組みそのものを分析することで，問題解明の糸口を得たい。

　ポゴソフとリャブーシキンの論稿「市場経済と国民勘定──国民経済バランスから国民経済計算へ──」（『経済と生活』1991年3月，10号）[5]では，SNA方式導入の契機は経済運営が市場経済への移行に踏み出したことであると，端的に述べられている。

　1990年に前後して，ソ連は政治・経済・社会のあらゆる領域でその歴史的構造転換を迫られていた（この転換の直接的契機は，1985年のゴルバチョフ政権の登場であった）。転換の要は，従来の行政的指令を中心とした中央集権的計画経済から貨幣＝商品メカニズムを利用する統制された市場経済への移行，所有制の多様化の容認，独立採算制の完全実施などの諸点に象徴された。成長率の著しい鈍化，国家財政の破綻，物不足，失業者の増大，物価上昇など，80年代半ば以降の経済情勢は深刻を極め，体制危機露呈のさなかで余儀なくされた

選択肢として打ち出されたのがこの市場経済的要素の積極的導入であった。この事態に対応して，計画化方式，管理運営制度，分析と予測の方法論，統計制度や統計指標のあり方が見直され，新しい現実に対応する問題提起が次々と提起された。

　当該の経済計算に関する問題に限っても，1990年10月19日に最高会議で採択された「国民経済安定化と市場経済移行の基本方向」では，市場を創出するには「全ソ的統計と単一の簿記計算システムの組織化」が不可欠であるという重要な問題提起がなされた[6]。

　それでは，市場経済の導入は経済計算制度にどのような影響を及ぼしたのであろうか。ポゴソフによれば，市場経済は経済的方法，すなわち統制の金融＝貨幣メカニズムの利用を必然化する。それはまた，再生産と管理システムにおける企業，個人生産者などの経済単位の地位と役割を高める。市場経済の導入によってもたらされるこれら2つの要因は，物的生産中心主義の国民経済バランスの構成原理で把握されなかったものである。SNA方式導入の判断のひとつの契機は，この点に求められた。

　ところで，従来のMPS方式に基づく国民経済バランスの原則，構成はいかなるものであったろうか[7]。このバランスは，既述のようにその柱となっていたのは「社会的生産物の生産，消費および蓄積のバランス（物材バランス）」と「社会的生産物と国民所得の生産，分配，および再分配のバランス（財務バランス）」であった。いずれの表も表頭と表側に次の固有の項目をもつクロス表であった。

　物材バランスでは表頭に社会的生産物の供給とその内訳を中間消費，最終消費，蓄積，輸出に区分した諸項目，表側に社会的生産物の生産財と消費財との区分，各産業別区分とが掲げられた。財務バランスには表頭に社会的生産物と国民所得の生産および第一次分配，国民所得の再分配，社会的生産物と国民所得の最終利用の諸項目が並び，表側には社会形態別，産業別で示される物的生産部門と不生産部門，社会形態別の住民，海外などの区分をもっていた。

　みられるように国民経済バランスの基本構成は，社会的生産物の生産，分配，

再分配，消費の流れを基軸に，これを社会形態別に，生産財・消費財別に，さらに産業部門別に区分し，その一環として国民所得の生産，分配，消費のプロセスを表示する形をとっていた。非物的サービスの循環過程の把握は，ここでは困難であった。

物的生産中心主義と呼ばれたこのバランス原則は国民経済を物的生産部門と不生産部門に分け，前者にのみ社会的生産物と国民所得を創出する役割と機能を認め，後者に発生する所得はそれらの再分配と理解する。この理解の基礎にある観念は，国民経済全体を1つの工場と見立て，個々の生産単位の能動性，自立性ではなく，逆に計画主体としての国家のそれを重視する考え方である。中央集権的計画経済の課題は総量指標，すなわち価値表示，現物表示の物的生産物の生産高に計画目標を設定し，経済運営を中央で設定された計画目標の達成度に準じて行うことであった。この原理に従えば，各経済主体の需要とその充足は，金融＝貨幣関係を媒介に生産者と消費者の相互関係の過程で調整されるのではなく，中央計画当局が先験的にこれを決定する。結果として，国民経済バランス体系は金融＝貨幣関係あるいは不生産部門が再生産上に果たす役割を過小評価し，国家による蓄積動機の単なる副次的手段としてしか認めない統計計算システムであるということになる。

市場経済への移行は，MPSに固有のいくつかの限界を表面化させた。すなわち，市場経済では企業が自主的に生産物の生産規模，投資額，就業者数，契約，注文について決定し，納入，販売を行うが，この新しいシステムは従来型の指令的年次計画課題，5カ年計画課題の作成と遂行を中心とする経済運営と異なる。市場経済を構成する諸要因を反映する指標はMPSに基づく指標に馴染まない。また，個別企業が経済の主人公になれば企業活動のサイクルや予測の研究が不可欠となり，経済見通しないし予測が経済状態の分析とともに重要になる。不生産部門を含む経済活動の水準，物価上昇や失業の程度などの市場メカニズムと関連する指標の作成は，経済の状態を判断する要となる。しかし，これらの諸要因はMPSの枠外にある。市場経済の導入による新しい経済指標は，需要と供給，価格変動など，それまでの経済が経験したことのない諸契機を統

計指標化することを促した。SNA の採用は、こうした点からが強く望まれた。

それでは SNA は、市場経済の要素と不生産的部門の契機をどのように取り込んだのだろうか。焦点をそこに絞り、SNA のフレームワークを以下に整理する。

1-2　68 SNA における生産と市場

SNA は経済主体間の財とサービスおよび資金の取引関係を生産、消費、投資のフローと資産、負債のストックとの関係において統一的に記録する完全接合の勘定体系である。このシステムは国連を中心とした長年の研究、議論を経て、1968年に SNA 基準として完成された。SNA の体系としての整合性は、これによって一目瞭然となったが、その基礎にあった考え方は「経済活動を『取引』とし、その取引を複式記入方式（double entry system）に基づいて、各取引主体の『勘定』に記録する」[8]というものであった。

SNA のこの特徴を、MPS との比較を念頭に列挙すると、以下のとおりである。第一に、SNA では商品の形をとる市場向けの有償の財とサービスのほか、無償で提供される政府サービスは GDP の要素とみなされた。これらを提供するすべての活動は、生産的活動である。この原則は経済循環のその他の局面にも貫徹し、最終消費には家計によるすべての財貨や物的、非物的サービスの購入と一般政府や非営利団体によるそれとが、また資本形成ないし蓄積にはすべての産業ないし経済部門のそれが記録された。もちろん、輸出、輸入にもすべての財貨と物的、非物的サービスが含まれる。こうした諸点は、物的生産部門と不生産部門とを峻別して生産、消費、蓄積をとらえる MPS と決定的に異なった。

第二に、SNA では取引主体は、経済活動別に、また制度部門別に、二様に分類されていた。前者は生産物の生産の分析という目的のための生産技術の等質性に着目した分類で、(1) 産業、(2) 技術産業サービス者、(3) 一般政府、(4) 対家計民間非営利団体、(5) 家計［非金融個人企業を含む］の5主体で構成された。これらは所得支出勘定、資本調達勘定、貸借対照表勘定に使われた。そ

れぞれの統計作成の基本単位は，(1)(2)に関しては事業所を統括した企業，(3)に関しては政府全体，(4)に関しては団体，(5)に関しては世帯であった。MPSでは取引主体は，企業，機関，社会組織，個人的副業経営，住民の個人的活動，そして消費単位である家計であった。企業は生産単位であると同時に，統計作成の単位でもあった。

　第三に，SNAはその体系の整合性が諸勘定の有機的統合によって保証されていた。具体的に言うと，体系はフロー勘定とストック勘定とに分けられ，それぞれが実物と資金とで二様に計上された。フロー勘定には，実物の生産物のフローをたどる生産勘定，最終消費支出勘定，資本形成勘定と貨幣所得や賃金のフローを追跡する所得・支出勘定，資本調達勘定とがあった。そして，これらを統合，連結するのが統合勘定［国内総生産と総支出勘定，国民可処分所得と処分勘定，資本調達勘定，海外勘定］であった。これに対し，ストック勘定は，部門別の貸借対照表勘定と調整勘定とそれらの統合勘定とからなっていた。

　以上の諸勘定の連関を保つSNAと個々に独立した諸バランスからなるMPSとを対比するのは難しいが，次の点の確認は可能である。すなわち，MPSの物材バランスは，SNAの生産勘定，最終消費支出勘定，資本形成勘定の3勘定を統合したものに相当する。また，MPSの財務バランスはSNAの所得・支出勘定と資本調達勘定とを統合したものに相当する。そうした対応関係を便宜的につけることができるとしても，両者はその内容，表示形式の点で本質的に異なっていた。

1-3　不生産部門をめぐる諸問題

　SNA方式の導入と関わる重要な次の理論的問題は，既述のように，サービスあるいは不生産部門の経済活動をどのようにとらえるかという点である。SNA方式の経済計算では，物的生産部門と不生産部門との区別はなく，すべての部門の経済活動が生産的とみなされる。したがって，SNA方式の導入にともない，当時さしせまった問題とされたのは，社会的生産を2つの領域に区分することをやめ，すべての経済活動を生産的とみなすか，あるいは両者の区分を維持したまま

SNAとMPSの相互変換可能なシステムとして経済計算体系を構築し，物的生産部門に根拠をおく経済計算と不生産部門も含めたそれとを同時に利用可能とすることができるのか，そのいずれかであった。MPSを放棄して一挙にSNAへ転換する場合は必然的に前者の方法を採用することになる。しかし，新たな国民経済計算体系がとった方向はこの道ではなく，両者の基本的枠組みが統合される形の ИСМЭП（Интегрированная Система Макро-Экономических Показателей：マクロ経済指標の統合システム）の構想に示された方向であった。不生産部門の位置づけに関する理論問題の解決は，事実上，従来どおり社会的生産の2区分を堅持する形となった。結果として，経済計算にたずさわる論者のなかで，SNA方式推進論者はすべての経済活動を生産的と見る見地をとり，MPS重視の論者が他方で物的生産部門の経済活動のみを生産的ととらえる見地にたつことで，立場が二極化した。

И. イワノフ（И. Иванов）とリャブーシキンは「国民勘定体系——神話と現実——」（『統計通報』1991年2号）[9]でSNA方式導入とともに不生産的サービス部門における経済活動を生産的ととらえるべきことを認めない伝統的見解を批判した。彼らが退けたのは，あらゆる経済活動を生産的とみなすと物的生産部門で創出された同一の所得が重複計算されるというSNA批判者の考え方であった。彼らは次のように書いた。すなわち，今日，世界の他の国々と同様，ソ連でも生産力の発展と社会的分業の発展は顕著であり，物的生産の一層の発展は金融と信用の領域をはじめ，サービス部門の発展なしには不可能である。固定フォンドや労働力はそれらの領域でも利用されるにいたっている。社会的生産におけるこの事実，すなわち不生産部門の比重の増大は，不生産部門における重複計算のテーゼが現実にそぐわなくなっていることを教えている，と。

サービス部門を含め不生産部門の比重がソ連で高まっていたのは，事実である。しかし，不生産部門の経済活動をとらえる統計指標の整備は遅れており，資本主義諸国のそれと比べて，見劣りがしていた。旧来の国民経済バランス体系は，確かにサービス部門の反映という点で弱点をもっていた[10]。

すべての活動を生産的と見る論者は，家事を遂行する家族構成員の活動の条

件的評価が可能であれば，そうすべきと主張する。「家事使用人のパラドックス」と呼ばれるこの問題は，次のようである。すなわち，雇用されている家事使用人のサービスに対する支払いは，SNAでは国内総生産（国民所得）に加算される。しかし，もし雇主がこの家事使用人と結婚し，彼女の労働に対する支払いをやめれば，その分だけ国内総生産（国民所得）が減少する，これは矛盾である。SNAに対するこの種の批判に応え，リャブーシキンは，既述のように，家事労働も何らかの形で条件的に評価し，国内総生産（国民所得）に組み込むべきと考えるが，専ら計算上の技術的困難から実現できないので，この点の改善の余地を主張した。

　論者はさらにSNAが経済組織の差異と変化が国民所得の規模と構造に及ぼす影響を除去する目的で，自己所有住宅について行われた帰属家賃の計算に言及した。筆者は，リャブーシキンが自らこの主張を行った直前の個所で，国民所得の計算が経済組織やさまざまな社会的費用の金融方法に依拠すると述べた点に注目する[11]。なぜならそこには，経済計算を再生産の客観的条件にそくして構築しようとする姿勢が見られるからである。この姿勢は，68 SNAが経済組織の差異と変化の影響を避け，経済計算上の便宜的措置として帰属計算を導入したととらえたのではなく，むしろ体制の相違に基づく国民経済計算体系の確立と認識する契機に他ならなかった。

第2節　SNA方式導入の準備作業

2-1　GNP指標

　SNA方式の導入が段階的に進んでいたことは，すでに述べた。その発端は，1988年にマクロ的経済計算体系の要であるGNPの採用と測定であった。GNPの採用と測定のねらいは，それが不生産部門の生産活動を含む国民経済のあらゆる経済活動の最終結果を評価しうるという点，またこの指標を使っている多くの他の諸国の経済活動，経済発展の水準との比較を容易にすることにあった。

もっとも，このうちの前者，すなわち不生産部門の経済活動の評価という問題に限れば，このGNP採用以前にも，①非物的サービスとその供与への支出のバランス，②種々の消費者（家計，企業，機関，外国人消費者）間のサービス利用の指標，③いろいろな源泉から住民に入る非物的サービスの価値をとらえる全消費の指標など，一連の新しい統計指標開発の試みがあり，SNA方式導入とGNP採用は，こうした作業の延長にあった。

指標の作成に直接あたったのは国家統計委員会であり，指標の計算方法の具体的手続きは，1988年に同委員会によって公表された。ここで問題とするのは，GNPの作成がどのような意味で，SNA方式導入の前段の作業として位置づけられたのかということである。行論との関わりで，このGNPの計算手続きのどこに具体的にSNAの作成つながる契機があるのかを確認しておきたい。

国家統計委員会が公表したGNP作成の概要[12]によると，その測定は理論上3面から，すなわち生産，分配，最終利用のそれぞれから可能である。生産面からアプローチする場合，GNPは工業，農業，建設などのいわゆる物的生産部門はもとより，運輸，通信，商業などの非物的サービス部門とその他の非物的サービス部門のそれぞれにおける総生産高指標（物的サービス部門を含む生産された物的部門と貨幣表示の非物的サービスとの総額）から物的財貨とサービスの中間消費を控除した粗付加価値に，海外からの純所得を加え，さらに若干の調整を加えて得られる。

GNPの基礎となる統計資料の源泉は自立的バランスをもつ企業（機関）であり，次の経済活動体が関わる[13]。
(1) 物的生産部門の国家的，協同組合的企業，組織
(2) 原料となる農業生産物の生産と加工，建設（また木材の収集）についての住民の副次的経営活動
(3) 物的財貨の生産に関する住民の個人的労働活動
(4) 非物的サービスを提供するサービス領域の企業，組織，機関
(5) 公共組織
(6) サービス領域の住民の個人的労働活動（非物的サービスの提供）

これらの各企業（機関）は，GNPの部門構成の基礎単位である。それぞれの企業は，『全ソ国民経済部門分類』に従って分類された。物的生産部門はもとより，不生産的サービス部門も含めた部門がGNP確定の基礎単位とされた。GNPはあらゆる経済活動の最終結果を示す最も一般的指標と性格づけられた。GNPの評価はこのようであり，それらのいずれもSNA統計作成の契機となった市場経済への移行とサービス部門のウェイトの高さに対応した動きであった。

　分配面からのアプローチは，物的財貨の生産とサービスの供与にたずさわったすべての企業，機関，住民の所得，すなわち労賃，労働のほかの支払形態，社会保険控除，利潤などの総額に減価償却を加える方法が採用された。所得の分配面を構成する上記の個々の要素は物的生産領域とサービス領域とに区分されて計算された。GNPは両者を包括する。

　GNPの測定は，最後にその最終利用面からなされる。この側面からのGNPの測定は，物的財貨とサービスの最終消費，蓄積，対外貿易残高，外国からの経済活動の所得残高による。

　以上のようにGNPは，MPS方式で計算された国民所得を基礎に，不生産部門のサービス生産に必要な調整が加えられて算定された。GNPの国民所得からの導出は，分配面と最終利用面との両面からなされたが，前者はMPS方式に基づく国民所得に不生産部門の賃金，社会保障控除などあわせて8項目をプラスし，物的生産部門の出張費やその他の部門の企業が行った非物的サービスなど8項目をマイナスして計算された。後者は同じくMPS方式に基づく国民所得に独立採算制度をとる部門企業が住民に（有償で）行った非物的サービスなど9項目を加え，不生産部門の施設による物的支出（固定フォンド減耗を含む）など4項目を差し引いて計算された[14]。

　GNPはMPS方式に基づく国民所得からの変換という手続きをもって求められた。変換のポイントは物的生産部門にのみ価値生産性を認めるという国民経済バランスの従来の原則をはずし，不生産部門でも価値計算を行い，従来のMPSに基づく国民所得の諸項目にそれを加えるという方法が採用された点，またこうした操作にともなって生じる価値の重複計算を回避する目的から剰余

生産物の一部を中間費用に振り分ける措置が講じられた点にあった。さらに，GNP 導出のための一連の手続きが生産，分配，支出の 3 面から立体的になされた。

2-2 部門連関バランス

SNA 方式導入によって GNP の計算方法の確立ととともにポイントとなったのは，部門連関バランスの作成である。SNA に準拠した部門連関バランスの作成は，この当時，1992～93年に完成が予定されていた。既存の部門連関バランスでは非物的生産部門が物的生産部門と区別されていたが，両者が財とサービスの生産という観点から同等に扱われ，しかも前者が後者とともに内生化される予定であった[15]。

部門連関バランスは，不生産部門の社会的再生産における位置づけに関わる点を除けば，その形式と内容とでいわゆる産業連関表と何ら変わらない。産業連関表が SNA の重要な構成物であることを思い起こせば，SNA に準拠した部門連関バランスの完成は SNA をソ連の国民経済計算体系に導入するうえで不可欠の作業であると考えられたのは自然の成り行きであった。

もっとも，第 3 章で取り上げたように，この国ではより早い時期に部門連関バランスが存在していた。部門連関バランスの導入は1957年 6 月の全ソ統計家会議で採択された国民経済バランス体系と踵を接して開始され，1957～59年の基礎的方法論検討の段階を経て，1960～61年にその実際の作成作業に入り，1959年報告部門連関バランスとして結実した。しかし，課題が残されていた。それは，国民経済バランス体系に部門連関バランスを組み込んだ際の，その理論的根拠が曖昧だったことである。換言すれば，ほぼ同様の内容と形式をもつ産業連関表を支える経済理論との関係についての方法論的検討が不十分なまま，部門連関バランスはいわば実務面からの要請として国民経済バランス体系に組み込まれ，結果としてこのバランスが国民経済バランス体系のなかにどのように位置づけられ，組み込まれるべきかが十分に検討されなかった。

部門連関バランスは実際には，国民経済バランス体系の補助表にすぎなかっ

た。すなわち，その当時確立されていた国民経済バランス体系はそれ以前の体系と異なり，諸部門の生産的連関の要素を「社会的生産物の生産，消費および蓄積のバランス（物材バランス）」のなかの生産的物的支出（部門連関別，社会的形態別）の項目で表示していた。部門連関バランスはそれをさらに詳細化する付表として作成された。

部門連関バランスの構成原理は，産業連関表のそれとほぼ同じであった。物的生産部門を第Ⅰ象限に配列することで，国民経済バランス作成原理との一貫性を確保し，産業連関表と一線を画したものの，部門連関バランスを連関表の形式を借りて作成する根拠ないし理由が希薄であり，その結果，国民経済バランス体系のなかでのその位置づけが折衷的であった。部門連関バランスがこのように明確な理論的，方法論的裏づけのないままマクロ的統計指標体系のなかに登場したことは，この体系がその後形式的議論に終始して展開されていくことを助長した。

もっとも当時，部門連関バランスに期待されていたのは，SNA から MPS へ，逆に後者から前者へ関連統計指標を変換する作業の基礎資料としての活用であったという点には触れておかなければならない。SNA の国民総生産概念の物的純生産概念への変換は，これを付加価値データと中間投入データに基づいて行う場合にも，また総産出額データと中間投入データに基づいて行う場合にも，部門連関バランスの統計が不可欠であったからである。

SNA 準拠の部門連関バランスの作成が日程にのぼったのは，こうした総合加工統計としてのバランスのもつ調整作用に期待がよせられたからである。なぜなら，SNA 基準の GNP と MPS 基準の国民所得指標の自在な変換を念頭に入れて，両国民経済計算体系に固有の指標の相互変換と調整とを部門連関バランスを中心に具体的かつ仔細に行うには，社会的再生産の物的部門と不生産部門の区分を総支出，付加価値，中間消費，最終消費，固定資本減耗などの諸項目のなかに取り込まざるをえないからである。

以上の議論から SNA 方式導入に際し部門連関バランスに求められたものは，市場経済への移行を予定しつつあった実物経済の動向をふまえ，統計計算上の

表 4-1　マクロ経済指標の統合シス

				1	2	3	4	5	6	7	8
生産と中間消費	商品とサービス	物的財貨	1			$a_{1,3}$	$a_{1,4}$	$a_{1,5}$	$a_{1,6}$		
		非物的サービス	2			$a_{2,3}$	$a_{2,4}$	$a_{2,5}$	$a_{2,6}$		
	生産者のグループ	独立採算企業と機関 / 物的生産領域	3	$a_{3,1}$							
		独立採算企業と機関 / サービス領域	4		$a_{4,2}$						
		財政機関	5								
		公共機関	6								
所得と支出	粗付加価値	労働の支払い	7			$a_{7,3}$	$a_{7,4}$	$a_{7,5}$	$a_{7,6}$		
		社会保障控除	8			$a_{8,3}$	$a_{8,4}$	$a_{8,5}$	$a_{8,6}$		
		利潤と取引税	9			$a_{9,3}$	$a_{9,4}$				
		減価償却	10			$a_{10,3}$	$a_{10,4}$	$a_{10,5}$	$a_{10,6}$		
	最終消費支出	住民の消費支出	11								
		住民の商品形態をとらないサービスへの支出	12								
		社会全体のサービス支出	13								
	再分配された支払いと所得の流入		14								
	経済単位のグループ	住民	15							$a_{15,7}$	
		物的生産領域の企業	16								$a_{16,8}$
		サービス領域の独立採算機関	17								$a_{17,8}$
		サービス領域の財政機関	18								$a_{18,8}$
蓄積と金融の源泉	固定フォンドの蓄積（粗）		19								
	物的流動手段増		20								
	臨時的性格の再分配のフロー		21								
	金融的要請		22								
	蓄積の計算における経済単位グループ		23								
輸出（輸入）とその他のフロー			24	$a_{24,1}$	$a_{24,2}$						

出所：Ю. Иванов, Б. Рябушкин, Интеграция баланса народного хозяйства и системы национальных счётов,

第4章 国民経済計算体系の方向転換

テム（ИСМЭП）の基本マトリックス

9	10	11	12	13	14	15	16	17	18	19	20	21	22	23	24
		$a_{1,11}$								$a_{1,19}$	$a_{1,20}$				$a_{1,24}$
		$a_{2,11}$													$a_{2,24}$
			$a_{5,12}$	$a_{5,13}$											
			$a_{6,12}$	$a_{6,13}$											
						$a_{11,15}$									
									$a_{12,18}$						
									$a_{13,18}$						
						$a_{14,15}$	$a_{14,16}$	$a_{14,17}$	$a_{14,18}$						
					$a_{15,14}$										
$a_{16,9}$	$a_{16,10}$				$a_{16,14}$										
$a_{17,9}$	$a_{17,10}$				$a_{17,14}$										
	$a_{18,10}$				$a_{18,14}$										
														$a_{19,23}$	
														$a_{20,23}$	
														$a_{21,23}$	
														$a_{22,23}$	
						$a_{23,15}$	$a_{23,16}$	$a_{23,17}$	$a_{23,18}$			$a_{23,21}$	$a_{23,22}$		
					$a_{24,14}$										

《Вестник статистики》No. 9, 1989, стр. 28-30.

形式を整える条件づくりであった。

2-3 ИСМЭП（マクロ経済指標の統合システム）

国民経済計算体系にSNA方式が導入されるとなると，それとMPSとの関係はどのようになるのだろうか。前者は後者にとって代わってしまうのだろうか，それともMPSの役割はそのまま残り，SNA方式の導入は部分的なものにとどまるのだろうか。すでにみたように，両者は相互に排斥しあう関係ではなく，それぞれの長所を生かして統一的に活用されることとなった。その推進者の言明，すなわち「SNAの諸原則の導入は，明らかに，MPSの諸指標体系と結びつけられなければならない」[16]というのが当時の一般的な認識であった[17]。

予想されたSNAとMPSとの関係を共存と呼ぼうが，あるいは接近，統合と呼ぼうが，問題はそれらを具体的にどのように実現するかであった。経済計算の両方式の共存という提唱は，SNA方式の導入が短時間では不可能であり，新たな分類基準の作成，統計的情報的基盤の創出，専門家の養成など一連の諸問題を解決するための時間的猶予を見込んだ措置が必要であるとの判断から出てきたものと考えられる。SNA方式導入の準備作業はMPSの拡充ではなく，異なった原理の計算体系の提唱だからである。

この延長でいわば妥協的産物として登場したのが，SNAとMPSの間で媒介的役割を果たすと期待された，商品とサービスの生産と利用の総合表式としての「マクロ経済指標の統合システム」である。この経済指標システムの作成のリーダーシップをとったイワノフとリャブーシキンは，ИСМЭПを144-145ページの表4-1のようなマトリクスで構想した[18]。

ИСМЭПではMPSに必要な指標もこのシステムから引き出すことが可能であり，その作成に必要な情報の大部分をMPS作成のルートで入手可能とされた。このシステムからはこれらの情報にくわえてサービスに関する情報が入手可能であるとされた。この目的をめざして，分類やグループ化の修正を行ったMPSに関連する統計とSNAに関連する統計との調整がなされた。

ИСМЭП作成の可能性は，SNAとMPSが経済循環把握のために，具体的に

は次の比較可能な表象にゆだねられた[19]。
- (1) 使用価値〈モノ〉のフローと所得のフロー
- (2) 使用価値〈モノ〉，所得のフローと資源のストック
- (3) 生産から得られる中間生産物，最終消費と中間消費
- (4) 最終生産物と中間生産物，最終消費と中間消費
- (5) 再生産可能なフォンドと再生産不可能なフォンド
- (6) 経済的機能〈たとえば生産，購入，支出など〉とそれらの主体〈家計，企業，機関など〉
- (7) 「総」と「純」ベースの蓄積，すなわち減価償却前と後の蓄積

ИСМЭП が作成されると，MPS 方式による国民所得と SNA 方式による国民総生産の指標は，それぞれ別個に独立に，先のマトリクスに依拠して，定式可能とされた[20]。前者の国民所得 (1) とその最終利用 (2) は次式のようになる。(НДは，национальный доход の略で国民所得の意)

$$\text{НД} = a_{7,3} + a_{8,3} + a_{9,3} + a_{2,3} \tag{1}$$

$$\text{НД} = a_{1,11} + a_{1,4} + a_{1,5} + a_{1,6} + a_{10,4} + a_{10,5} + a_{10,6} + a_{1,20} + a_{1,10} \\ - (a_{10,3} + a_{10,4} + a_{10,5} + a_{10,6}) + a_{1,24} - a_{24,1} \tag{2}$$

これに対し，GNP (3) とその最終利用 (4) は次式で表すことができる。(ВНПは，валовой национальный продукт の略で国民総生産の意)

$$\text{ВНП} = a_{7,3} + a_{7,4} + a_{7,5} + a_{7,6} + a_{8,3} + a_{8,4} + a_{8,5} + a_{8,6} + a_{9,4} + a_{10,3} \\ + a_{10,4} + a_{10,5} + a_{10,6} \tag{3}$$

$$\text{ВНП} = a_{1,11} + a_{2,11} + a_{5,12} + a_{5,13} + a_{6,12} + a_{6,13} + a_{1,19} + a_{1,20} + a_{1,24} \\ + a_{2,24} - a_{24,1} - a_{24,2} \tag{4}$$

本章では ИСМЭП をめぐる議論をその一部のみ紹介し，とくに統計指標の形式性に関わることに論点を絞った。

おわりに

本章の結論は，以下のとおりである。

ソ連でのSNA方式導入は，国内的には市場経済への志向，社会的再生産における不生産的部門の地位と役割の増大を契機とし，対外的には諸外国のマクロ統計指標の国際比較の必要性を根拠とした。

SNA方式の導入は，経済統計指標でのGNP指標の採用，SNA準拠の部門連関バランスの作成，SNA，MPS両方式の指標を導き出すことを可能にするシステムである ИСМЭП 構築という手順で進んだ。

この動向は，すべての経済活動を生産的とみなす経済観を追い風とする。問題なのは，経済指標体系の議論が具体的現実の再生産分析と結びつくことなく，SNA方式導入に適合的な形式的側面に傾斜したこと，ИСМЭП 構築をめぐる議論もその形式的構成に限定されて展開され，社会的再生産の実態と対応させて問題を解決していく方向でなされなかったことである。

注

1) この時期，ソ連の統計界が活況をみせた。明確な理由がなく隠匿されていた乳児死亡率統計，犯罪統計，失業・パートに関する統計などが公表されるようになり，人口センサスなどの基本統計が定期的に実施されるようになった。また，ハーニン，セリョーニンは《Новый мир》誌（1987年2月）で国民経済計算を中心にソ連統計の信憑性を問い，《ЭКО》誌でも統計の信憑性をめぐる議論が繰り返された。グラスノスチを求める声におされて主要統計の調査，統計指標の公表，時代の要請に応える統計の企画が，実現された。ソ連崩壊以降のロシアにおける国民経済計算の動向については，以下の文献参照。中江幸雄「ロシア版SNAと資金循環表」『経済体制論のフロンティア——新制度主義からみたシステム改革とロシア分析——』晃洋書房，2001年。

2) 国連推奨のSNA基準はその後，1993年，2008年に改編された。

3) 中村浩「国民経済計算方式（SNAとMPS）の比較・調整について（1）・（2）・（3）」『経済研究』(1) 1979年，(2) 1980年，(3) 1981年（大東文化大学経済学研究科），同「国民経済計算における2つの方式（SNAとMPS）の連結について」『大東文

化大学経済論集』第44号，1987年10月，参照。
4) 望月喜市『ソ連経済の再生産構造──その統計的研究──』多賀出版，1984年。
5) И. Погосов, Б. Рябушкин. Рыночная экономика и национальное счетоводство.《Экономика и жизнь》No. 10, 1991.
6) Известия, 27 окт. 1990.
7) 盛田常夫他訳「国際連合：国民経済バランス体系の基本原理」『社会労働研究』第23巻第3・4号，1977年，第24巻第1・2号，1978年，第24巻3号，1978年。
8) 経済企画庁経済研究所国民所得部編『新国民経済計算の見方・使い方──新SNAの特徴──』1978年，13ページ。
9) И. Иванов, Б. Рябушкин. Система национальных счётов__: мифы и реальность,《Вестник статистики》No. 2, 1991.
10) 不生産部門が社会的生産に占める比重の大きさを確認することと，すべての経済活動を生産的ととらえることとは同義でない。これが同義と考えるならばそのことを説明する経済理論が必要である。イワノフ，リャブーシキン論文には，この理論的説明がない。
11) там же, стр. 19.
12) Методика исчисления валового национального продукта,《Вестник статистики》No. 6, 1988.
13) там же, стр. 31-32.
14) 以上については，次の文献を参照。野村良樹「ソ連のGNP指標の特質について」『国民経済雑誌』162巻5号，1990年11月。
15) Ю. Иванов, Б. Рябушкин. Проблемы развития макроэкономической статистики в СССР,《Вопросы экомомики》No. 4, 1991, стр. 8, 参照。
16) И. Погосов, Б. Рябушкин. указ. соч. стр. 6.
17) はやばやとMPSの利用に見切りをつける論者もいたが，そうした態度はいさめられた。М. Назаров. Рынок и статистика,《Вестник статистики》No. 4, 1991, стр. 15.
18) Ю. Иванов, Б. Рябушкин. Интеграция баланса народного хозяйства и системы национальных счётов,《Вестник статистики》No. 9, 1989, стр. 28-30.
19) Ю. Иванов, Б. Рябушкин. Проблемы развития макроэкономической статистики в СССР,《Вопросы экомомики》No. 4, 1991, стр. 6-7.
20) Ю. Иванов, Б. Рябушкин. Интеграция баланса народного хозяйства и системы национальных счётов,《Вестник статистики》No. 9, 1989, стр. 22.

第5章　最適経済機能システム論と生産関数論
――数理派の経済観――

はじめに

　ソ連では，1950年代以降，とくに経済改革（1965年）に前後して，国民経済の計画化と管理の分野で顕著な変化がみられた。その契機として想起されるのは，1962年9月に，プラウダ紙上に掲載されたЕ. Г. リーベルマン（Е. Г. Либерман）論文「計画，利潤，および報奨金」であった[1]。企業管理方式の分権化，価格・利潤・利子などの商品＝貨幣関係を利用した経済的刺激の政策，完全ホズラスチョート（独立採算制）の実施などが，この変化のキーワードである。これに呼応するかのように，経済民主主義，経済発展に果たす科学＝技術革命の役割に関する議論，社会主義経済における商品＝貨幣関係，所有関係の諸問題が理論的検討の対象となった[2]。

　その後，ソヴェト数理経済学派（советская экономико-математическая школа），経済の最適計画化と機能化のソヴェト学派（советская школа оптимального планирования и функциорования экомомики）［以下，数理派と略］は，経済学，計画論領域への数理的方法の積極的導入を提唱した。これらの論者の間には，数理的分析方法が既存資源と技術的方法の効率的利用を目的とする社会主義経済の最適計画化の領域で有用である，という共通認識が形成された[3]。

　経済学へ数理的方法を適用することの意義と限界については，つとに多くの業績が知られている[4]。本章はそれらの理論的成果を引き継ぎ，数理派が数理的分析手法の背後に表象する経済観，およびその政策的帰結を解明する。

数理的計画論の批判的吟味を行うことの意味は3点ある。第一に，ソ連では経済学研究での数理的手法の活用に対して無批判的な受容がみられた。こうした事情の背景にあったのは，数理的方法の方法論的検討の不十分性であった。数理的計画論の批判的検討は，忌避できないテーマである[5]。第二に，数理的計画論と統計学論争との関係を確認することの重要性である[6]。ソ連では統計学の学問的性格についての議論が繰り返し行われたが，この統計学論争で批判の対象となった数理派の主張が，60年代後半から復活した。この点を確認したい。第三に数理的計画論の検討は数理的方法の意義と限界を一般的次元で議論するのではなく，この理論が経済の実体的内容，すなわち所有関係，生産関係，あるいは経済発展と技術進歩，労働生産性，計画化と管理の方式などを議論の射程にどのように入れたのかを具体的に点検しなければ意味がない。本章はこうした観点から，課題の検討にあたる。数理派の代表的理論として，最適経済機能システム論[7]，生産関数論を取り上げる。

第1節　最適経済機能システム論と生産関数論の概要

1-1　最適経済機能システム論

ソ連科学アカデミー中央数理経済研究所（ЦЭМИ：Центральный Экономико-Математическийи Институт）の所長，Н. フェドレンコは，最適経済機能システム論の基本構想を，論文「価格と最適化」（『コムニスト』誌1966年9月掲載）[8]で公表した。フェドレンコは，その構想を同年11月開催の最適化と価格形成に関する討論会の報告で発展させた[9]。さらに1968年の著作『経済の最適機能化システムの作成について』[10]では，最適経済機能システム論の骨格を示した。

最適経済機能システム論は，一言でいえば，希少経済資源と既存の技術的方法の最も効率的な利用を（最適計画作成という課題），多段階的システムとしての経済制度に内在する価格メカニズムの利用で解決する意図をもった理論である。

最適経済機能システム論によれば、計画化と管理の制度は垂直的連関と水平的連関の交錯する複雑な多段階システムである。垂直的連関は、中央計画当局—部門—生産合同—企業という縦系列の関係を、水平的連関はそれらの横系列の連関を示す。問題はこの管理制度の中央集権的側面と分権的側面との結合形式である。最適経済機能システム論はこの課題の解決を、基本的に社会主義経済システムに内在する自動制御機構としての価格メカニズムを通じた分権的計画編成の過程に委ねる。

社会主義経済の多段階システムにおいて、市場メカニズムは3つの領域で成立する。第一は中央と下級経済諸機関の間、第二は同一レベル上の諸企業間、諸生産合同間、第三は個人消費の領域である。

価格メカニズムによる分権的計画編成の過程は、次のとおりである[11]。まず、中央計画機関は既存の諸資源の存在条件を考慮し、社会による消費の目的関数を設定し、種々の財の有用性、その再生産の可能性を評価する。この評価は、下級の生産ブロックである部門、企業に伝達される。次に、下級の生産ブロックは、提示された資源、完成品の価格に依拠し、生産ブロック内部の生産可能性にてらし、利潤最大化を満足させるローカルな生産計画を集計、検討し、最初のバリアントとの不一致の有無を分析しながら、もし不一致があれば第一次接近として示した価格を修正する。この過程は上級—下級の計画調整がつくまで反復的に繰り返される。この過程で、価格は社会的有用性（общественная полезность）のシグナルとなり、上級と下級の経済諸機関の最適性の尺度を調整する規制者の役割を演ずる。

最適経済機能システム論の一人、B. A. ヴォルコンスキー（B. A. Волконский）は、社会主義経済の機能システムに客観的必然的評価が内在すると考え、この理論がカントロヴィッチの最適計画論の直接的系譜にあることを明確にした[12]。

最適計画論の線形計画の、シェーマは以下のとおりである[13]。

〈原問題〉

$$c_1 y_1 + c_2 y_2 + \cdots\cdots + c_n y_n \to \max \qquad (1)$$

・制約条件

$$\left.\begin{array}{l} a_{11}y_1 + a_{12}y_2 + \cdots\cdots + a_{1n}y_n \leq b_1 \\ a_{21}y_1 + a_{22}y_2 + \cdots\cdots + a_{2n}y_n \leq b_2 \\ \\ a_{m1}y_1 + a_{m2}y_2 + \cdots\cdots + a_{mn}y_n \leq b_m \end{array}\right\} \qquad (2)$$

$$y_1 \geq 0, \quad y_2 \geq 0 \cdots\cdots, \quad y_n \geq 0$$

〈双対問題〉

$$b_1 x_1 + b_2 x_2 + \cdots\cdots + b_n x_n \rightarrow \min \qquad (3)$$

・制約条件

$$\left.\begin{array}{l} a_{11}x_1 + a_{12}x_2 + \cdots\cdots + a_{m1}x_m \geq c_1 \\ a_{12}x_1 + a_{22}x_2 + \cdots\cdots + a_{m2}x_m \geq c_2 \\ \\ a_{1n}x_1 + a_{2n}x_2 + \cdots\cdots + a_{mn}x_m \geq c_n \\ \\ x_1 \geq 0, \quad y_2 \geq 0 \cdots\cdots, \quad x_m \geq 0 \end{array}\right\} \qquad (4)$$

$$\min(b_1 x_1 + b_2 x_2 + \cdots\cdots + b_m x_m) = \max(c_1 y_1 + c_2 y_2 + \cdots\cdots + c_n y_n)$$

(記号)

a_{ij}:第 j 種生産方法 1 単位を使用するのに必要な i の量

b_i:既存資源の量

c_j:第 j 種生産方法による生産物産出量

y_j:第 j 種生産方法の使用水準

x_j:潜在価格,客観的必然的評価

　この線型計画の標準型で,原問題は資源の希少性と生産の技術的方法を所与とし,生産高の最大値を求めることを課題とする。他方,双対問題は客観的必

然的評価による資源評価の総和で示される資源支出の最小化という問題である。xが客観的必然的評価である。客観的必然的評価は既存の経済資源1単位の増加による最適性の基準＝社会的有用性の増加分としての資源の限界生産力，換言すれば資源の社会的有用性を示す。

最適計画論の経済的意味は，各生産ブロックが最適計画の双対問題の解としてえる客観的必然的評価に依拠し，自らの収益を最大化するために，社会全体の利益と個々の生産ブロックの利益との調整をはかることである。

注意すべき点は，カントロヴィッチの最適計画論が経済の最適性を既存資源と生産方法の効率的配分の問題としてとらえていること，その場合，基本的経済構造を投入―産出の量的依存関係として認識していること，評価すなわち価格が限界生産力概念に依拠していることである。

最適経済機能システム論者の分権的計画編成過程，すなわち経済の多段階的システムに作動する価格メカニズムという構想は，この最適計画論の理論的内容を計画化と管理の具体的プログラミング過程に敷衍したものである。

1-2　生産関数論

生産関数論は，経済発展における技術的進歩の要因の研究，外延的要因と内包的要因の分析，科学＝技術革命の影響度の測定を生産関数の支出量（投入）と生産物量（産出）との間に成立する一定の機能的依存関係を示すことを課題とする。

生産関数に関する議論は，1920年代にすでに行われていたが，その後30年代に入って一時休止した。しかし，マクロ経済学的分析手法としての生産関数についての理論は，1950年代後半にカントロヴィッチ，Л. И. ゴリコフ（Л. И. Гольков）の研究によって，また1967年のИ. Г. グロヴェンコ（И. Г. Гловенко）などの研究によって復活した。後者は，後述するカントロヴィッチ，Альб. Л. ヴァインシテイン（Альб. Л. Вайнштейн）による投資効率の計算法の原点に位置する業績であった。また，Б. Н. ミハレフスキー（Б. Н. Михалевский）は，1965年以降，生産関数を経済分析から短期的に応用する試みを精力的に追及し

た。

　生産関数の一般的定式は，$Y=F(K, L)$ である。この一般的定式に基づいて，次のように生産諸要素の限界生産性，生産諸要素間の限界代替率という概念を導出できる[14]。

(1) 生産関数の一般的定式（Y：生産量，K：生産フォンド，L：労働用役）
$$Y=F(K, L)$$

(2) 生産諸要素の支出 1 単位の増加による生産量の増加
$$Y_k = \delta Y/\delta K > 0 \quad （生産フォンドの限界生産性）$$
$$Y_L = \delta Y/\delta L > 0 \quad （労働の限界生産性）$$

(3) 生産諸要素の限界生産性の逓減
$$\delta^2 Y/\delta K^2 < 0, \quad \delta^2 Y/\delta L^2 < 0$$

(4) 生産フォンド，労働用役についての生産量の弾力係数
$$\alpha = \frac{\delta Y/Y}{\delta K/K} = \frac{\delta Y}{\delta K} \times \frac{K}{Y}$$
$$\beta = \frac{\delta Y/Y}{\delta L/L} = \frac{\delta Y}{\delta L} \times \frac{L}{Y}$$

(5) 生きた労働の過去労働との限界代替率（両者の限界生産性の逆数）
$$S = \frac{Y_L}{Y_K} = \frac{\delta Y/\delta L}{\delta Y/\delta K} = \frac{\delta Y}{\delta L}$$

(6) 代替係数（限界代替率 1 ％の変化のもとでの代替率の変化）
$$\sigma = \frac{\delta(L/K)}{L/K} : \frac{\delta(\delta L/\delta K)}{\delta L/\delta K}$$

　通常，生産関数の意義は，限界生産力説にもとづいて生産諸要素間の相互代替性を検討することができる点に求められる。生産関数を利用すると，ある時点における生産物の最大量を達成するための，所与の生産諸要素の最適結合の発見という課題を解決することができる，とされる。

　図 5-1 で曲線 SN は，ある一定の生産物量を産出することができる生産諸要素間の種々の結合関係を示す。曲線 SN にそって，a 単位の生産フォンドと

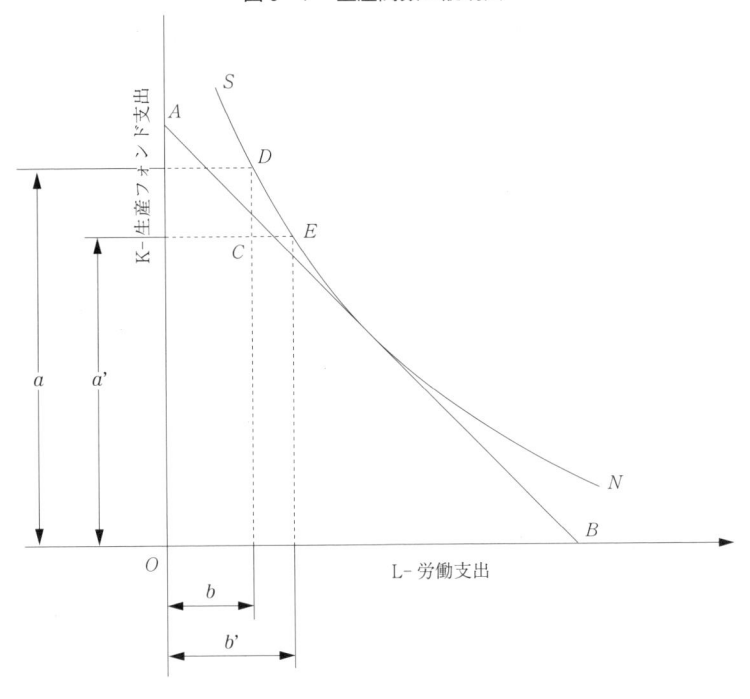

第5章　最適経済機能システム論と生産関数論　157

図 5-1　生産関数の説明図

b 単位の労働との組み合わせによって生産する D 点は，a' 単位の生産フォンドと b' 単位の労働との組み合わせによって生産する E 点へ移動するとする。この移動は E 点が最適状態，つまり所与の生産水準を示す生産費直線 AB と OA, OB がつくる二等辺三角形 AOB と曲線 SN との接する点で止まる。換言すれば，接点は限界代替率と労働力および生産フォンドの価格との間に次の関係が成立するときに決定される。

$$S = \frac{\delta L}{\delta L} = \frac{P_L}{P_K}$$

P_L：労働力の価格，P_K：生産ファンドの価格

この場合 (5) より，生きた労働の過去労働との限界代替率は，両者の限界生

産性の逆数に等しいので，労働力と生産フォンドの価格は，当然，両者の限界生産性に基づいて決まる[15]。

　数理派の経済学者は，生産関数に高い関心をよせた。その理由は，生産関数による経済分析への限界生産力概念に基づくアプローチが国民経済の最適化＝最大限の生産効率の達成という問題意識に対応すると考えたからであった。

　И. В. コトフ（И. В. Котов）は社会主義経済学の課題を次の 6 点にわたって掲げ，これらの課題にてらして生産関数のもつ意義を強調した[16]。

(1) 社会的生産と生産諸要素の最適化の条件の解明。また，生産の組織化と管理を保障する限界分析の基本的正しさの定式化，経済分析における限界量と平均量との相互関係とそれらの意義の解明。

(2) 生産の種々の要因，新技術の効率，生産の強化，また生産の組織化と管理の科学的水準の向上による効率の測定。企業が利用する生産手段の効率の評価。企業集団の物質的関心とそれらの諸活動結果との連関。

(3) フォンド支払い，基本投資効率，地代のカテゴリーの経済的本質の解明。

(4) 経済分析における生産諸要素の評価と地位の役割の提示，それらの本質と労働価値論との連関の解明。

(5) 種々の生産諸要素の相互代替性の限界と経済におけるその役割，生産諸要素の制限性の経済カテゴリーの分析と評価。

(6) 近代経済学の社会的，経済的結論とその方法論的基礎の科学的役割の解明。

　コトフによれば，生産関数を利用した限界分析は，生産効率，すなわち最小の費用で最大の効果を得るという意味での最適化という観点から，経済構造とその発展を考察する必要性が要請される。ここから，生産関数論が最適化の基準を生産効率の最適化におく数理的計画論のフレーム・ワークに容易に包摂される関係を認めることができる。

　最適性を効率概念と結合する考え方には，限界的評価が必要である。数理的計画論が国民経済の計画化と管理の問題を考察する場合，限界的評価のカテゴリーを重視し，生産諸要素の効率測定に生産関数を利用する根拠は，この点に

あった。

第2節　数理的計画論の経済観

2-1　数理的計画論の経済構造分析

　数理的計画論の問題関心は，経済効率と資源の適正配分を国民経済的規模で実現する経済システムの創出にあった。数理派は他方，経済学と計画論への数理的方法導入の客観的根拠を生産技術的連関，すなわち生産諸要素と生産量の間に成立する機能的連関に求めた。

　数理派はここから，数学的定式化が容易であり，経済の効率を測定しうる機能的連関として，ある生産諸要素の支出（投入）がどれだけの効果（産出）をもたらすかという，いわゆる投入―産出に着目した。数理的計画論は，この投入―産出の量的依存関係に基づいて「生産の理論」を展開した。数理派の経済理論で，投入―産出の量的依存関係が高く評価され，また理論の中心的地位を占めていることを，以下，部門連関バランス論，最適計画論，最適経済機能システム論から例証する。

　戦後の数理的計画論の先駆けとなった部門連関バランス論は，社会的総生産物の投入構成と産出構成との関係に焦点を絞って経済分析を行った典型的例であった[17]。部門連関バランス論は，その重要な構成要素である4つの象限によって社会的生産物の生産，分配，再分配を総括的に示す点で，また最終生産物が与えられれば，総支出係数を介して部門ごとの生産量と価格を計画数値として算出しうる点で，数理派をしてマルクス再生産表式の具体化であると評価せしめた理論である。部門連関バランス分析の基軸概念は，直接支出係数と総支出係数である。直接支出係数の経済的意味は，ある部門の生産物1単位の生産に必要な他の部門の生産物量であり，総支出係数は同部門の生産物1単位の増加に必要な直接，間接の支出量の総和である。いずれも，投入―産出の量的依存関係を基礎にした数理で導出される。

図5-2　フェドレンコの経済システム

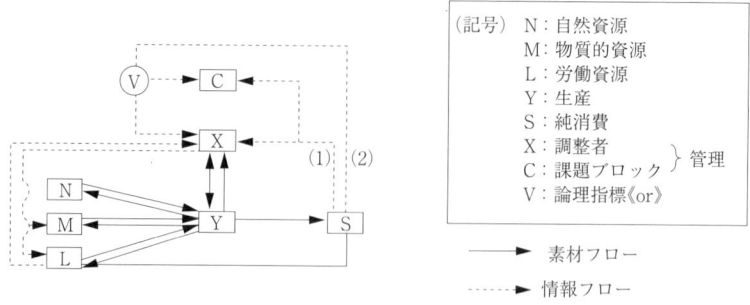

(記号)　N：自然資源
M：物質的資源
L：労働資源
Y：生産
S：純消費
X：調整者　⎫
C：課題ブロック ⎬ 管理
V：論理指標《or》⎭

───▶ 素材フロー
------▶ 情報フロー

出所：Н. П. Федоренко.《Математика и кивернетика в экономике》, Москва, 1971, стр. 166.

最適計画論も，基本的経済構造を投入—産出の量的依存関係に求める。В. В. ノヴォジロフは投入—産出の量的依存関係が経済諸問題の解決にとって本質的意義をもつことを，次のように言明した。「わが国の経済科学の最も重要な課題のひとつであるのは，今日，社会主義的生産の支出と結果とを測定する課題，つまり労働の効率を測定する問題である。これは中心的問題である。第一義的意義をもつ一連の諸問題，すなわち労働生産性の測定，原価計算，最も適正な価格形成原則の設定，基本投資効率の規定，労働の量と質に応じた分配，ホズラスチョートとルーブルによる統制の実施，社会主義競争の組織化などの正しい解決は，生産物を生産するための支出とこれらの結果とが，どの程度に正しく測定され，計算されるかによって多かれ少なかれ左右される」と[18]。

最適経済機能システム論は，この最適計画論がシステム論的アプローチという方法論的視点から再構成されたものであるが，その代表的論客フェドレンコは，理論の前提となる経済システムのモデルを図5-2のように示した[19]。

$N \rightarrow Y$, $M \rightarrow Y$, $L \rightarrow Y$ は投入を示し，$Y \rightarrow S$ は産出を示す。$S \rightarrow X(1)$ は $Y \rightarrow S$ の逆連関，$S \rightarrow X(2)$ は科学・技術的情報，政治的情報・経済発展の情報の流れ，情報フロー $Y \rightarrow X$ は生産統制の多段階性，素材フロー $Y \leftrightarrow X$ は経済統制のシステムをそれぞれ表す。

C は最適性の尺度を含むシステムの目的であり，計画・管理主体は言語 V に

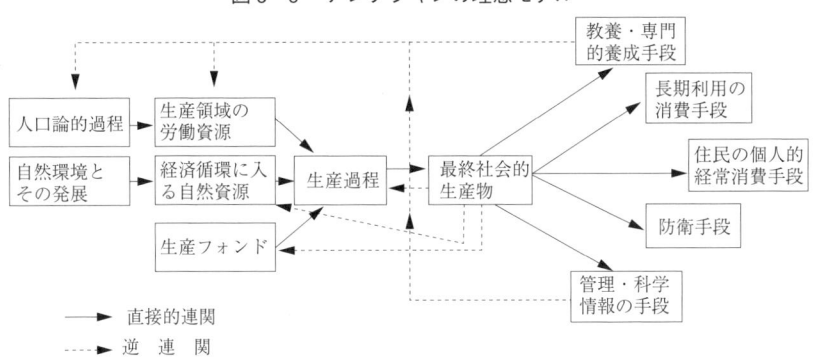

第5章 最適経済機能システム論と生産関数論 161

図5-3 アンチシキンの理想モデル

```
              ┌─────────────┐
              │ 教養・専門   │
              │ 的養成手段   │
              └─────────────┘
                    ↑
              ┌─────────────┐
              │ 長期利用の   │
              │ 消費手段     │
              └─────────────┘
                    ↑
┌──────────┐  ┌─────────────┐        ┌─────────────┐
│人口論的過程│→│生産領域の    │        │住民の個人的 │
└──────────┘  │労働資源      │→┐      │経常消費手段 │
              └─────────────┘ │      └─────────────┘
                              ↓              ↑
┌──────────┐  ┌─────────────┐ ┌────┐ ┌─────────────┐
│自然環境と │→│経済循環に入  │→│生産│→│最終社会的    │
│その発展   │  │る自然資源    │ │過程│  │生産物        │
└──────────┘  └─────────────┘ └────┘ └─────────────┘
                              ↑              ↓
              ┌─────────────┐ │      ┌─────────────┐
              │生産フォンド  │→┘      │防衛手段      │
              └─────────────┘        └─────────────┘
                                            ↓
                                      ┌─────────────┐
                                      │管理・科学   │
                                      │情報の手段   │
                                      └─────────────┘
```

──→ 直接的連関
----▶ 逆　連　関

出所：А. И. Анчишкин,《Прогнозирование роста социалистической экономики》, Москва, 1973, стр. 35.

よって，課題を解釈する。ここで，システム全体の基軸となる経済関係は，投入要素 L（労働資源），N（自然資源），M（物的資源）と産出要素 S（純消費）との関係におかれる。

　さらに当時，国民経済の発展動態の分析に労働生産性，フォンド効率などの経済指標にかわって生産関数が利用された。А. И. アンチシキン（А. И. Анчишкин）は生産関数を利用して，国民経済発展の要因分析の研究を行った。アンチシキンは，図5-3にまとめられる経済成長の論理モデルを構想した[20]。このモデルでは，経済の発展過程をシステム論的に考察し，投入―産出の量的依存関係がシステムの基本的経済関係を規定するという見地が貫かれた。

　以上のように，数理的計画論は，経済効率の測定という観点から，経済構造における複数の機能的連関のなかで投入―産出の量的依存関係を本質的な関係とみなした。生産手段の社会的所有に基づく基本的生産関係は，理論の前提とされるだけで経済分析の対象にならなかった。

　なぜそうなったのだろうか。第一に，フェドレンコ，アンチシキンのシステム分析から明らかなように，直接的生産過程が投入と産出を媒介するブラック・ボックスとして扱われ，生産関係の分析を行う「場」が欠如していた。直接的生産過程の分析なしに，生産の組織的＝技術的方法と具体的生産関係の結

合関係を理論的にとらえることはできない。

　第二に，数理的計画論の経済構造分析の特異な方法に問題があった。数理的計画論は，資本主義経済と社会主義経済とを対比し，基本的生産関係の相違は所得分配に影響を与えるが，生産効率と資源の適正配分を実現する資本主義経済の市場メカニズムは，社会主義的計画運営によって取り込むことができると理解した[21]。つまり，市場メカニズムが達成する商品経済的合理性自体は基本的生産諸関係に関わらないとされた。ここから，数理的形式が表現する投入―産出の量的依存関係は，基本的生産関係と無関与であるとの結論が出され，この評価が数理的計画論が社会主義経済の計画化と経済計算に無原則的に適用される素地となった。

　最適経済機能システム論は，生産手段の所有形態に基づく基本的生産関係を「初発的前提」[22]と考える点で数理計画論一般の考え方と同一であった。しかし，この理論は自らの提起する経済システムにともなう技術的，組織的生産方法を支配的，規定的生産関係と異なる次元の生産関係と考え，生産関係概念の拡大をはかった。

2-2　最適経済機能システム論の価格論

　検討の手掛かりとなるのは，最適計画に由来する価格が社会主義的生産関係を反映するというフェドレンコの主張である[23]。この主張は，少なくとも2点の問題を孕む。

　第一に，最適経済機能システム論の価格メカニズムと労働価値論との関係である。価値は個別的生産者間の生産関係，また社会的労働と個別的生産者の労働との生産関係を反映する概念である。各生産者の技術的生産条件の格差が著しく，生産の社会化の進展が遅れていた国民経済では直接的生産過程における生産関係が価値形態にどのように表象されるのだろうか。

　第二は，最適経済機能システム論が計画化と管理方式の変革と生産関係との結びつきをどのように考えていたかという問題である。国民経済的規模での計画化と管理は，社会主義経済のもとではじめて可能となる。計画化と管理方式

の改善,改革が生産関係にいかなる影響を与えるかという問題は,とくに重要な研究課題である。

数理的計画論のなかから,最適経済機能システム論のように社会主義経済システムを生産関係的側面から,経済学的に考察しようと意図した理論がでてきたことは,注目すべき事態であった[24]。問題は最適機能システム論の価格論が価値論とどのように関わるのか,価格メカニズムによる分権的計画編成過程の叙述が計画化と管理に関わる生産関係の展開と整合的に論じられるかどうかという点にあった。つまり,最適経済機能システム論の価格論,価格メカニズムの理解の如何が,この理論の生産関係概念「拡大」の内実の当否を規定する。この問題は,最適経済機能システム論の価格論に付随する価値,社会的分業の理解の如何にほかならない。

社会的有用性と価値関係との関連について,フェドレンコは次のように述べた。「ある所与の時点での資源の有用性を考察する最適計画では,生産物の社会的有用性は,その生産に対する社会的に必要な労働支出と照応して存在する。この時点で,最適計画の概念そのものは,マルクスの労働価値論から出発している」と[25]。別の個所では,「あらゆる資源と生産物の価格は,社会主義の諸条件では社会的有用性を通じて表現される。価格は社会的有用性の表現となっているのであり,生産物の価値の貨幣表現ではない」[26]と述べた。

フェドレンコによれば,価格が反映する対象は社会的有用性であり,換言すれば,生産物あるいは経済資源の社会的有用性がその存在量と逆連関にある。フェドレンコはこの関係を社会主義的生産関係のひとつに数えた[27]。

フェドレンコ価格論の核心は,生産物諸部門の労働配分,社会的労働の節約という視点から,社会的必要労働支出が社会的総労働配分の結果としての社会的平均支出ではなく,任意の生産物を1単位増加させるのに必要な労働の支出,具体的には当該生産物を生産する企業の限界水準の企業の労働支出に等しいという主張にあった[28]。

この価格設定によって初めて,生産物に支払われた社会的労働とこの生産物に対する需要の相互依存関係とを連続的に反映し,労働生産性の最も劣位条件

にある企業を計画＝赤字企業（плaново-убыточное предприятие）から正常に活動する企業に高めることを保障できるというのである。しかし，フェドレンコ価格論は，需給調整から社会的総労働配分という問題意識のもとに，一定の需給条件を反映していたものの，価値関係を通じて認識される社会的労働と個別労働との関係，異質な有用労働の抽象的人間労働への還元など，直接的生産過程と社会的再生産における生産関係を反映する理論構成になっていなかった。しかも，フェドレンコの仮説は，需要に対して供給が不足しているという特殊な需給条件のもとで成立するにすぎなかった。そうであるかぎり，社会主義的価格がただちに生産関係を反映するとした言明は不正確な概念の使い方である。

　また，A. カツェネリンボイゲン（A. Каценелинбойген）らは，計画＝赤字企業の正常に活動する企業への転化，各企業の独立採算制に基づく自立性の確立が社会的分業を拡充する，と述べた[29]。社会主義的価格が反映する生産関係というフェドレンコの指摘は，社会的有用性に対応する社会的労働編成のひとつとしての社会的分業を念頭に入れていたと思われる。とはいえ，独立生産性による企業の自立性の確保は社会的分業の進展と同一視しえない。また，社会的分業は生産力的側面と生産関係的側面との両面から考察しうるものであり，社会的分業の拡充をもってただちに生産関係の発展ととらえることはできない。

　さらに民主集中制に関して，ノヴォジロフは「計画化の際に価値法則がよりよく利用されるほど，それだけ民主化はより広汎となり，同時に集中化の全般的水準はより高くなる」と述べた[30]。最適経済機能システム論は民主集中制という生産の一契機に言及しながら，その規定を市場メカニズムの利用による分権的計画編成の展開に帰着させ，この点でノヴォジロフの基本的考え方を踏襲していた。

　最適経済機能システム論は生産手段の社会的所有に基づく生産関係を初発的範疇として前提するだけでなく，生産関係概念を経済システムのなかでより具体的に考察しようとした。しかし，その内容を吟味すると，資源の適正配分と生産効率の向上をもたらす経済関係をただちに生産関係概念に置き換えているなど，疑問が残る。

数理的計画論は社会主義的所有と関わる支配的生産関係の問題はほぼ解決されたものとみなし，当面の経済建設を計画化と管理制度の改革，生産過程の労働編成様式の合理化という生産力的側面の問題に限定して論じた点で「生産力主義」的性格をもっていた。最適経済機能システム論は支配的生産関係の規定にとどまらず，生産関係概念をより具体的に展開しようという前進的意図をもっていたが，基本的にこの「生産力主義」的難点を克服しえなかった。

第3節　生産関数論による経済動態分析

3-1　技術進歩の測定

　生産関係的側面の分析から切り離して経済構造を分析する数理的計画論の方法は，この理論の「生産力主義」的性格を特徴づけるものであった。しかし，ひるがえって生産力的側面の分析に配慮が行き届いていたかというと，数理的計画論にはそこにも多くの問題点を抱えていた。生産関数論を批判的に考察したA. カーツ（A. Кац）は，この点を掘り下げた[31]。ここでは生産関数論が経済発展，技術進歩，労働生産性の関連をどのように把握していたかという点に検討の焦点を絞る。

　数理派によれば，生産関数は技術水準を所与とし，生産諸要素の代替性を承認し，ある一定の生産量を生産する生産諸要素の最適結合を発見する課題の解決に役だつ。生産諸要素の限界生産性という概念が，課題解決の要である。

　生産関数論は，経済発展が労働生産性の上昇によってもたらされるという命題を前提とする。特徴的なことは，①労働生産性の上昇を技術進歩にともなう労働の技術装備の高度化と結びつけないこと，②労働以外の他の物的自然的生産要素の生産効率が労働生産性の上昇に大きな影響を与える，との認識である。

　これらの特徴はカントロヴィッチ，ヴァインシテインが経済発展の動態を，基本投資効率でとらえるために考案した生産関数，$P(t) = U[K(t)\ T(t)]$ に基づく次の効率の一般的定式に明確であった[32]。（K：生産フォンド，T：労働資源）

$$\eta_3 = \frac{\frac{1}{P}\frac{dP}{dt} - \frac{T'}{T}}{1 - \frac{V}{P} - \frac{T'}{T}\frac{K}{P}} \quad\quad (1)$$

ここで η_3 は効率ノルマ指標

この式によれば，社会的労働生産性の増大は分子の国民所得の増大テンポ $(\frac{1}{P}\frac{dP}{dt})$ から労働資源の増大テンポ $(\frac{T'}{T})$ を減じた値である。社会的労働生産性の増大は，分母の労働資源の量的増大である追加的基本投資の増分と関係づけられている。この式では，技術進歩の要因の捨象が前提とされている。そうである以上，この式の経済学的意味は生産フォンドの効率の改善が労働生産性の上昇に結果することと解釈できる。つまり，技術進歩がなくとも，技術進歩が労働生産性の上昇をもたらすのと同じ効果が，生産フォンド効率の上昇によって達成されうると考えられているのである[33]。

経済発展の本質は技術進歩にともなう労働の技術的装備の高度化にあり，労働生産性の上昇は技術進歩と無関係でない。確かに，労働生産性の上昇の間接的要因として，たとえば労働の熟練度の向上，生産設備配置の改善など種々の要素を考えることができる。しかし，これらの間接的要因が現実に労働生産性の上昇に結果するのは，直接的生産過程における労働力と生産的フォンドとの結合関係の媒介があってのことである。追加的投資の際に新しい技術的バリアントの導入がなくても，既存生産諸要素の効率の向上が産出生産物量の増大をもたらすならば，事態は既存の生産諸要素に潜在していた技術が実現されたものと認識すべきである。カーツはこのように指摘した[34]。

数理派は技術進歩が労働生産性上昇の要因のひとつと認め，生産関数に技術進歩の要因を導入して，その動態化をはかった。カントロヴィッチ，ヴァインシテインは，コブ＝ダグラス関数を変形して，技術進歩のテンポを投入要素に考慮した生産関数の範式を次のように示した[35]。

$$\frac{P_2}{P_1} = e^{\rho}\left(\frac{K_2}{K_1}\right)^{\alpha}\left(\frac{T_2}{T_1}\right)^{1-\alpha} \quad\quad (2)$$

表5-1　自立的技術的進歩

	国民所得	生産フォンド増	生産的労働者増	自立的技術進歩
1966年	6.5%	10.9%	1.8%	1.3%
仮説数字	6.0%	8.0%	1.8%	1.9%

注：(2) 式に基づいて A. カーツが算定したもの。

P：国民所得

K：生産フォンド

T：生産的労働者数

e^ρ：技術進歩

　この式は国民所得の増大テンポが技術進歩，生産フォンド増，生産的労働者増の自立的な要因からなるという関係を示す。技術進歩の要因を加えることで，経済発展動態が細かく分析できたかのようにみえる。しかし，この式は技術進歩が労働の技術的装備の高度化によって現実化するという契機を反映していない。技術進歩は経済活動の外部から，あたかも「天恵の慈雨」のごとくもたらされるかのようである。結果として，自立的技術進歩の増大率の算定結果は一部納得できない数値となった。一例をあげる。表5-1のように，カントロヴィッチ，ヴァインシテインの定式に従ったカーツの試算によれば，1966年の国民所得増，生産フォンド増，生産的労働者増をそれぞれ6.5%，10.9%，1.8%とおくと，技術進歩の自立的要因は1.3%増となる。国民所得増と生産フォンド増とについてそれぞれ6.0%，8.0%と仮定すると，自立的技術進歩の要因は1.9%増となった。この計算結果が示したことは，生産フォンドのより少ない量的増大が，あるいは社会的労働生産性のより少ない増大可能性が，より大きな自立的技術進歩をもたらすとした非現実的な表象であった[36)]。

　当時，科学＝技術革命が経済発展に対する寄与の程度を測定する試みが，経済学者，統計学者のあいだで広がっていた。C. M. ヴィシニェフ（С. М. Вишнев）は，次の生産関数を定式化し，この問題にアプローチした[37)]。

$$P_{к.п.} = \delta L_M^\alpha \, C^\gamma \, Q^\beta \, R^\sigma$$

$P_{к.п.}$：最終社会的生産物
L_M：物的生産部門における就業
C　：生産的フォンド
Q　：教育と熟練の向上に対する支出
R　：科学的研究業務，実験と設計の業務に対する支出

　Л. グリャーゼル（Л. Глязер）は，ヴィシニェフの定式にいくつかの疑問を呈した[38]。第一にヴィシニェフは記号 Q と R で科学＝技術革命の影響を反映したと考えたが，後者の内容を教育と研究業務に対する支出に限定することはできず，生産の組織化，国民経済の管理などの要素を考慮しなければならない。第二に科学に対する支出の効果は通常かなりの時間的経過を要するので，この効果を労働や生産フォンドといった生産諸要素と物的生産物との間に成立する機能的連関の範囲で論ずるのはミスリーディングである。第三に，科学的活動は他の生産諸要因と代替関係がないにもかかわらず，定式はそれがあるとしている，等々。

　ヴィシニェフの定式の最大の難点は，科学＝技術革命を投資支出という側面でとらえたことである。科学＝技術革命の経済発展に対する貢献は，それが直接的生産過程で生産フォンドと労働力の結合関係に体化し，その後に技術進歩による労働生産性の向上に結果してはじめて現実化する。生産関数は既述のように，技術進歩による労働生産性の向上に結実する経済発展という動態分析に適当でない。ヴィシニェフのように，科学＝技術革命の経済発展に対する影響度の測定を生産関数に依拠して行うかぎり，科学＝技術革命の本質をとらえることはできないのではなかろうか。

3-2 限界効率指標の過大評価

次に，生産諸要素の限界生産性概念から導出される限界的効率指標に対する過大評価についても一言しなければならない。この具体例は，前述のカントロヴィッチ，ヴァインシテインが追加的1単位当たりの基本投資の純生産物の増分という指標で経済効率の動態をとらえる姿勢にみられた。ほかにも，アンチシキンは経済発展の方向が外延的発展から内包的発展に転換した点に着目し，前者を生産諸要素の量的増大による発展，後者を生産諸要素の効率上昇による発展と定義し，経済分析における効率指標の役割に期待を寄せた[39]。カントロヴィッチ，ヴァインシテイン，アンチシキンは，この生産諸要素の限界効率の内包的発展を技術進歩の要因と結びつけることなく，技術水準一定の前提で考察した。

カントロヴィッチ，ヴァインシテインに従って，フォンド限界効率を経済発展の自立的要因として取り上げるならば，経済実践に否定的影響を及ぼす。なぜなら，新しい技術的バリアントが生産過程に導入された場合，当初コストは高いのが一般的で，その結果一時的に生産物のフォンド容量は増大する。フォンド効率指標を絶対視すれば，コスト高のゆえにその導入が見合わされる事態を招く。その結果，経済は旧来の設備にあまんずることになり，社会的労働生産性の水準がより低い水準に留められる[40]。

アンチシキンは表5-2のように1951～68年の最終生産物の年平均増大テンポについて外延的発展要因と内包的発展要因との構成比を算定しているので（ただし，表はA.カーツによる作表），それを見ることにしよう。この表によると，外延的発展要因は1951～68年の間に50.6%から63.3%に増大し，内包的発展要因は49.4%から36.8%に低下したことになっている。しかし，現実の労働生産性の発展傾向は，経済資源の動員による外延的発展から技術的進歩に基礎をおく内包的発展の方向に変化した（この客観的事実はアンチシキンも認めていた）。しかし，アンチシキンの試算では，この経済発展の法則と逆行する傾向が示された[41]。

表5-2 アンチシキン試算, 国民経済発展の「効率」パラメータ (1951～68年)

	I	II	III	IV
1) 最終生産物の増大テンポ	7.93	7.32	7.21	6.87
2) 最終生産物の平均増大テンポの要因	—	—	—	—
a) 生産的固定フォンド	6.29	5.73	5.71	5.59
b) 物的生産部門における生きた労働	1.51	1.27	1.08	0.86
c) その他	0.13	0.32	0.41	0.42
d) そのうち外延的要因	4.01	3.80	4.10	4.35
内包的要因	3.92	3.52	3.11	2.52
e) 合計における構成比　外延的要因	50.57	51.92	56.92	63.25
内包的要因	49.43	48.08	43.08	36.75

注：期間区分は条件付で平滑法による。
出所：А. И. Анчишкин. Метод прогноза народнохозяйственной динамики.《Научные основы экономического прогноза》. Москва. стр. 194, 207. より（ただし作表は, А. Кац による）。

このことと関連して,「効率」概念により, アンチシキンと Ю. В. ヤレメンコ (Ю. В. Яременко) は表5-3のように, 労働装備率, すなわちフォンド効率で国民経済の発展動態を試算した[42]。それによると, 1941～1950年の労働フォンド装備度効率は3.4％と高く, 以後趨勢として低下傾向に陥ると結論づけられた。1941～1950年の時期における労働フォンド装備度効率の高い値は, 第二次世界大戦による生産設備の破壊による異常に低いフォンド装備度の増大率を原因とした計算上の帰結であり, 現実の技術進歩に基づく経済発展ではない。

いずれにしても, 経済発展の動態の考察に際して, 生産関数あるいは生産諸要素の限界生産性指標を利用するかぎり, 経済発展, 労働生産性の向上, 技術進歩の相互関係は正確に認識されえない。

ほかにもこうした例をいくつかあげることができる。ミハレフスキーは1971～80年の国民経済の技術進歩と経済発展における外延的発展要因と内包的発展要因の予測を行い, 経済の発展構造を次のように特徴づけた。表5-4（172ページ）によると, この時期に技術進歩のテンポは不生産的領域, 建設, 流通の分野で上昇したが, 生産部門, 工業, 運輸, 農業で低下傾向を示した。技術進歩の中心的担い手となる部門は, 工業, 農業, 運輸, 通信である。工業部門内部では, 電気エネルギー, 軽工業, 建設資材, 燃料, 木材加工業, 機械製造

第5章　最適経済機能システム論と生産関数論　171

表5-3　アンチシキン・ヤレメンコの経済計算

年	A フォンド装備度 年平均増大テンポ（%）	B 労働生産性 年平均増大テンポ（%）	B/A 労働フォンド装備度効率
1927～1939	7.5	13.2	1.76
1940～1959	4.7	6.9	1.47
1960～1963	4.4	6.3	1.43
1927～1963	6.2	8.2	1.42
1940～1963	5.6	6.6	1.18
1941～1950	1.2	4.1	3.42
1951～1955	8.0	9.2	1.15
1956～1960	6.8	6.5	0.96
1961～1964	7.9	4.5	0.57
1951～1960	7.4	7.9	1.07
1941～1964	4.8	5.7	1.19
1951～1964	7.5	6.9	0.92

出所：А. И. Анчишкин. Ю. В. Яременко.《Темпы и пророрции экономического развития》. Москва. 1973, стр. 100.

業で技術進歩は顕著な上昇を示した。全体として，技術進歩の不均等発展は発達した経済システムの重要な特徴である，というのがミハレフスキーの結論であった[43]。しかし，随所に計算数値の矛盾がみられる。

表5-4で，ミハレフスキーは1971～75年の機械製造業と軽工業の労働生産性の増大テンポを4.03%と推定した。他方，技術進歩の増大テンポは機械製造業で1.76%，軽工業で2.65%，と計算された。機械製造業の労働生産性の増大テンポは一般に，軽工業のそれよりも大きい。これは実勢数値から明らかである。

ミハレフスキーの試算では，各部門の労働生産性の増大テンポの予測は低い見積りとなっていたが，それは別にしても，同じ4.03%の労働生産性の上昇を見込みながら，技術進歩の増大テンポで機械製造業をはるかに上回る軽工業部門の数値に現実妥当性があるのだろうか。

電気エネルギーと冶金の労働生産性上昇は，前者の3.44%に対し，後者は3.63%であった。ところが，技術進歩の利用による生産物量の増大は，電気エ

表 5-4 ミハレフスキーの経済計算

	1971〜75			1975〜80	
	労働生産性	(実績)*	技術的進歩 (総生産物計算)	成長の内包的要因 (外延的要因)	成長の内包的要因 (外延的要因)
冶金	3.63	5.4	0.524	8.63 (91.37)	17.41 (82.59)
燃料工業	2.62	5.0	0.625	12.70 (87.30)	22.60 (77.40)
電気エネルギー	3.44	6.6	0.752	9.57 (90.43)	22.90 (77.10)
機械製造	4.03	10.8	1.755	21.07 (78.93)	27.60 (72.40)
化学工業	3.23	9.6	0.429	5.32 (94.68)	5.07 (94.93)
木材加工	3.79	5.8	1.282	23.00 (77.00)	38.70 (61.30)
建設資材	2.70	6.4	0.804	12.93 (87.07)	16.79 (83.21)
軽工業	4.03	4.6	2.651	38.31 (61.69)	39.05 (60.95)
食料品工業	1.31	4.1	0.146	2.80 (97.20)	2.80 (97.20)

	内包的要因		外延的要因	
	1971〜75	1975〜80	1971〜75	1975〜80
国民経済	20.31	25.08	76.69	74.92
生産部門	20.11	27.25	79.89	72.75
不生産部門	22.00	15.06	78.00	84.96
工業	17.15	24.50	82.85	75.50
建設	12.61	14.14	87.39	85.86
運輸・通信	33.78	24.95	66.22	75.05
農業	89.80	87.10	10.20	12.90
流通領域	23.95	13.85	76.05	86.15

出所：Б. Н. Михалевский. Макроэкономический прогноз технологического прогресса и структуры экономического роста,《Экономика и математические методы》том 7, вып 4, 1971, стр. 530, 531, 536.
* 《Народное хозяйство СССР в 1975 году》, Москва. 1976 より算出。

ネルギーで0.75％, 冶金で0.52％と予測された。この試算では, 技術進歩を考慮した労働生産性のより大きい増大テンポがより小さい生産物量の増大テンポになるという結果になっている[44]。

さらに, ミハレフスキーは機械製造業の労働生産性の増大を4.03％, そのうち内包的発展要因が21.07％と試算した。製紙木材加工業については, 労働生産性の上昇は3.79％, そのうち発展の内包的発展要因は23.00％と試算された。両者を対比すると, より内包的なつまり技術進歩を体化した発展の方向をとる木材加工業が, より低い労働生産性の上昇になるという奇妙な結果になった。

化学工業と燃料工業ではこの不一致は、より顕著であった。労働生産性の増大テンポは化学工業で3.23%、燃料工業で2.62%であった。そのうち発展の内包的要因は化学工業で5.32%、燃料工業で12.70%と試算された。ここでも、より内包的なつまり技術進歩を体化した部門がより低い労働生産性を示した[45]。

生産関数論はこのように、経済構造の生産力的側面の認識に役立たないことがあり、数値計算結果に部分的な破綻をきたすことがある。

おわりに

数理計画論は、当時の国民経済を発展した社会主義段階として認識していた。経済発展段階のこの主観的認識のもとに、自らの理論的課題を既存資源と技術的方法の最も効率的な利用を目的とした国民経済の最適化に求めた。

数理的計画論は、数理的方法の有用性を専らその分析用具としての汎用性に求めた。その具体的方法は、経済分析の焦点を数理的方法の適用が容易な投入—産出の量的依存関係に絞り、問題関心を経済効率と資源配分においた。直接的生産過程はブラック・ボックスとされ、生産関係と技術進歩の分析は後退した。

数理的計画論の経済発展の見通しは、楽観的であった。国民経済の最適化については、分権的計画編成を実現するための自動管理体系の創出、その基礎となる生産合同の促進、弾力的価格機構の確立に目標に定め、将来の経済発展については設備稼働、資源利用の無駄をはぶき、機械化、オートメ化を促進し、生産力的基盤を整えることができれば、後は直線的に共産主義社会に到達するかのような見取図を描いた。

数理的計画論の楽観的経済観は、経済発展段階認識の主観性、数理的方法の過大評価とともに経済理論の脆弱性に由来するものであった。

数理的方法は経済政策、管理工学の分野における純粋に技術的でローカルな経済課題には、それなりの意義をもつ。しかし、最適計画論者あるいは生産関数論者のように、もともと工場内部のきわめて限定的な領域で有効であった数

理的方法を，その汎用性の過信のもとに国民経済的規模の経済分析と計画化の分野に応用するのは無理である。

　数理派は，なぜこの数理的方法の拡大的利用が国民経済的課題の解決に可能なのかを説明しない。この説明のないまま，分析の既成事実が積み上げられた。数理派と呼ばれる研究者のなかには数理的方法の過大評価をいさめる主旨の言明がでてきたのは，当然である。しかし，この言明もそれだけでは不十分で，数理的方法の過大評価がもたらした理論的，方法論にまで立ち返って検討が進められなければ，経済分析の改善は見込めず，ソ連経済はそのことを果たしえないまま崩壊の道をたどった。

注
1) リーベルマンの主要な業績は，民主集中制の原則に基づく国民経済計画化の画期的手法の提唱である。この手法は，計画化の過程で上層部から与えられる指標の数を減らし，企業自体の自主性を高めるというものである。具体的には，利潤を増大させた企業や個人に高い報奨金を与えることにより労働者の労働意欲を向上させ，経済効率の上昇を図る。この手法はフルシチョフによって試験的に取り入れられ，その後の改革の指導的理論となったが，60年代後半に頓挫した。
2) ソ連の当時の経済学の動向については，以下の文献参照。芦田文夫『社会主義的所有と価値論』青木書店，1976年，B. シュクレドフ／岡稔・西村可明訳『社会主義的所有の基本問題——経済と法——』御茶の水書房，1973年。
3) Е. З. Майминас. К истории и перспективам развития экономико-математических исследования в СССР. Проблемы планированя и прогнозирования, Москва. 1974. Alfred Zauberman, *The Mathematical Revolution in Soviet Economics*, Oxford University Press, 1975. *Mathematical Theory in Soviet Planning*, Oxford University Press, 1976.
4) 是永純弘「計量経済学的模型分析の基本性格」『経済評論』1965年7月号，同「経済学的方法の意義と限界」『講座マルクス主義哲学』第3巻，青木書店，1969年。
5) 経済学，計画論分野での数学的利用の見取図は，以下の文献参照。望月喜市「ソヴェト経済学における数学利用」木原正雄・大崎平八郎『社会主義経済学の生成と発展』青木書店，1965年。統計学論争以降の「数理派」の台頭に関しては，山田耕之介「ソヴェト経済学における最近の数理形式主義について」『立教経済学研究』第13巻第4号，1960年が詳しい。「数理派」の理論を紹介した文献として，以

下を参照。山田喜志夫「ソヴェト経済学における数理形式主義について」『唯物論』第9号，1960年，是永純弘「ソヴェト経済学における数学利用とその問題点」『土地制度史学』第31号，1966年，同「社会主義経済学におけるサイバネティクスの適用とその疑問点」『統計学』第12号，1964年。

6) 統計学論争の内容に関しては，以下の資料と文献を参照。『ソヴェトの統計理論Ⅰ・Ⅱ』農林統計協会，1952～53年，足利末男「ソヴェト統計学の動向」『経済研究』第6巻第3号，1955年；有沢広巳編『統計学の対象と方法』日本評論社，1956年；内海庫一郎「統計学の対象と方法に関するソヴェト学界の論争について」『経済評論』1953年7月号；関弥三郎「ソヴェトにおける統計学方法論争」『立命館経済学』第3巻第1号，1954年；山田耕之介「ソ同盟統計学論争」『現代社会主義講座Ⅳ』東洋経済新報社，1956年；野々村一雄「ソビエト愛国主義と統計学」『経済研究』第1巻第1号，1950年；伊藤陽一「統計学の学問的性格」『社会科学としての統計学——日本における成果と展望——』産業統計研究社，1976年。なお，統計学論争の過程で大数法則，確率論の位置づけなどで妥協的部分を残し，そのことが「数理派」のバランス分野への台頭を許すことになったという指摘がある。長屋政勝「ソヴェト統計学における初期国民経済バランス作成の試み——所謂1923／1924バランスの方法論的基礎（その一）」『龍谷大学経済学論集』第8巻第4号，1969年。

7) 最適経済機能システム論の検討に関しては，以下の文献参照。小野一郎「社会主義経済と最適経済機能システム論」『立命館経済学』第22巻第3・4号，1973年，山本正「ソヴェト経済学界における数学的方法利用の動向 (1)・(2)・(3)」『法経論集』第39・40・41号，1977～78年。

8) Н. П. Федоренко. Цена и оптимальное планировани,《Коммунист》No. 8, 1966.

9) 《Дискусия об оптимальном планировании》, Москва. 1968.

10) Н. П. Федоренко.《О разработке системы оптимального функциорования экомомики》. Москва. 1968.［以下，Н. П. Федоренко (1968) と略］

11) Н. П. Федоренко (1968). там же, стр. 34-35. В. В, Новожиров, С. С. Гдалевич. Хозрасчётная система планирования.《Оптимальное планирование и совершествование управления народным хозяйством》. Москва, стр. 30-40.

12) В. А. Волконский. Таварно-денежний механизм в оптимальном управление хозяйством и ценообразование,《Экономика и математическое методы》том 3, вып. 4, стр. 489.

13) 最適問題の標準型は，二階堂副包『現代経済学の数学的方法』岩波書店，1960年，168～171ページによる。ほかに，次の文献も参照。Н. П. Федоренко.《Экономико-

математические модели》, Москва. 1969, 第2章。

14) Ю. Штерн. Производственные функции и возможности их исполизования в экономических расчётах,《Вопросы экономики》No. 3, 1973, стр. 113-114.

15) П. Почкин. Об использовани производственных функции,《Вопросы экономики》No. 9, 1970, стр. 90-91.

16) И. В. Котов.《Применение математических методов в экономике и политичекая экономия социализма》. Изд. Ленинградского Университета, 1972, стр. 51-52.

17) 部門連関バランス作成の必要性は、全ソ統計家会議で初めて公の会議で討論された。第3章参照。

18) В. В. Новожилов. Измерение затрат и их результатов в социалистическом хозяйстве.《Применение математики в экономических исследования》. Москва. стр. 42.

19) 《Математика и кивернетика в экономике》. Москва. 1971, стр. 166.

20) А. И. Анчишкин.《Прогнозирование роста социалистической экономики》, Москва. 1973, стр. 35.「もし現代のサイバネティクスの諸概念を利用するなら、生産の諸要因は『投入』であり、生産過程は『プロセス』であり、生産物は『産出』である。そうした連関（生産諸要因—生産過程—生産物）のほかに、生産物と生産諸要因の間にはまた『逆連関』が存在する」(А. И. Анчишкин. Методологические проблемы факторного анализа динамики производства и экстенсивных и интенсивных путей экономического роста,《Вопросы экономики》No. 6, 1971, стр. 93)。

21) 所得分配と資源配分との関連は経済計算論争のひとつの論点になっている。「所得分配をどうとり扱うかという問題は、つねに討論の過程におけるうるさい障害となっていたし、また経済学者の論争を一般のしろうとに対してきわめて現実的なものとしたのはこの所得分配の問題から資源配置の問題を分離することにあった」(M. ドッブ／都留重人・野々村一雄・岡稔・関恒義訳『経済理論と社会主義 I』岩波書店、1958年、76ページ)。

22) С. С. Шаталин. Некоторые проблемы теории оптимального функциорования социалистической экономики,《Экономика и математические методы》том 6, вып 6, 1970, стр. 837.

23) Н. П. Федоренко (1968), стр. 39.

24) W. ブルスも社会主義経済の「分権化モデル」作成という観点から経済モデルを社会主義経済の基本的生産関係とは異なる種々の経済組織形態とメカニズムととらえ、これをも生産関係のなかに含めて考察すべきことを提起した（W. ブルス、

鶴岡重成『社会主義経済の機能モデル』第1章，合同出版，1971年)。

25) Н. П. Федоренко. Социально-экономические цели и планироване.《Коммунист》No. 5, 1972. стр. 64.

26) Н. П. Федоренко, С. С. Шаталин. К проблеме оптимального планировани социалистической экономики,《Вопросы экономики》No. 6, 1969, стр. 100.

27) Н. П. Федоренко (1968), стр. 37-38.

28) Н. П. Федоренко. Цены и оптимальное планироване,《Коммунист》No. 8, 1966. стр. 88.

29) А. Каценелинбойген, И. Л. Лахман, Ю. Б. Овсиенко. Оптмальное управление и ценностной механизм,《Экономика и математические методы》том 5, вып 4, 1969, стр. 510.

30) В. В. Новожилов. Закономерности развития системы управленя социалистическом хозяйством,《Экономика и математические методы》том 1, вып 5, 1965, стр. 656.

31) А. Кац. Запоздалые признания и бесплодные заимствования,《Плановое Хозяйство》No. 7, No. 9, No. 10, 1972.

32) Л. В. Кантрович, Альб. Вайнштейн. Об исчислении нормы эфективности на основе однопродуктовой модели развития хозяйства,《Экономика и математические методы》том 3, вып 5, 1967.

33) А. Кац. там же, No. 9, 1972, стр. 112.

34) 同上。

35) Л. В. Кантрович, Альб. Вайнштейн. там же, стр. 708.

36) А. Кац. там же, No. 9, 1972, стр. 110.

37) С. М. Вишнев.《Экомомические параметры》. Москва. 1968, стр. 95.

38) Л. Глязер. Влияние науки на экомомическое развитие,《Вопросы экономики》No. 9, 1971, стр. 75-76.

39) А. И. Анчишкин. Методологические проблемы факторного анализа динамики производства и экстенсивных и интенсивных путей экономического роста,《Вопросы экономики》No. 6, 1971, стр. 97-98.

40) А. Кац. там же, стр. 108-109.

41) А. Кац. там же, стр. 123-125.

42) А. И. Анчишкин. Ю. В. Яременко.《Темпы и пророрции экономическго развития》. Москва. 1973, стр. 100.

43) Б. Н. Михалевский. Макроэкономический прогноз технологического прогресса

и структуры экономического роста,《Экономика и математические методы》 том 7, вып 4, 1971, стр. 532–533.

44) А. Кац. там же, стр. 115.

45) А. Кац. там же, стр. 116.

第6章　最適計画論の特徴と問題点
―― H. П. フェドレンコの所説を中心に ――

はじめに

　ソ連では1960年代の後半に2つの大きな改革を経験した。1つは1965年9月の企業管理方式の改革，いわゆる「経済改革」であり，もうひとつは1967年までに断続的に実施された卸売価格の改訂であった。これらの一連の「改革」は，価格形成論，計画論から社会主義経済学の方法論にいたる理論分野で新たな議論をまきおこした[1]。ЦЭМИ（科学アカデミー中央数理経済研究所，1963年創設）の所長であった H. П. フェドレンコを代表的論客とする最適計画論は，そのうちの1つであった。本章で，筆者はこの最適計画論の基本的特徴と理論構造を紹介し，とくに計画性概念に関する問題点を摘出する。

　フェドレンコの最適計画論の主要概念は，価格形成と経済効率の指標基準を客観的経済過程から導出することを意図した Л. B カントロヴィッチの客観的必然的評価（объективно обусловленная оценка）[2]，B. C. ネムチノフの国民経済的生産費（народнохозяйственные издержки произвоуства）[3]，B. B. ノヴォジロフの較差支出（дифференциальная затрата）[4] などと発想のよりどころが類似している。しかし，最適計画論はそれらとの親近性だけが特徴なのではなく，構成経済学（конструктивная политическая экономия），社会主義的機能モデルといった理論体系の提示によって社会主義経済の法則，価格の役割と機能，管理に必要な経済的諸連関，経済評価体系を1つのシステムでとらえ，当時としてはユニークな構想を提起した点に新しさがあった。

　フェドレンコの最適計画論は，社会主義経済の最適機能化論（ТОФСЭ：

Теория Оптимального Функциорования Социалистической Экомомики）と経済の最適機能化システム（СОФЭ：Система Оптимального Функциорования Экомомики）とから構成されていた。前者は社会主義的生産関係と経済法則の解明，計画化と管理における中央集権的側面と分権的側面との連関の定式化を中心テーマとし，後者は国民経済の計画的組織化の応用的，実践的方策の具体的提言を内容とした。両者は全体として，構成経済学と呼ばれた独特の理論的枠組みの柱であった。社会主義経済全体を1つの機能システムとしてとらえるシステム論的アプローチを重視したことも，この理論の大きな特徴であった。

　最適計画論を論ずる視点は，以下のとおりである。第一に，この理論が「経済改革」（1965年）以降，急速に台頭し，計画論分野で影響力を及ぼしたので，この理論の検討は当時の計画論の展開を理解するには欠かせない。第二に，最適計画論者は計画論に数理的方法を積極的に取り入れる数理派に属するが，最適計画論を検討するとこの派の理論と方法を具体的に知ることができる。第三は，最適計画論者は，いわゆる市場社会主義の論調（Л. А. レオンチェフ［Л. А. Леонтьев］[5]），Г. リシチキン［Г. С. Лисичкин］[6]））で弱点とされた諸問題（商品＝貨幣関係の重視，計画化の中央集権的側面に対する否定的評価）に言及しているので，市場社会主義論者の見地を理解するのに参考になる。

　最適計画論の紹介は，その理論的枠組みが形成された時期に，すでに岡稔によってなされ，ほかには小野一郎，山本正の研究がある。また，芦田文夫，大津定美の研究もある[7]）。論者により，論究の視角，また評価に相違がある。筆者は，最適計画論はもとより，数理的方法の計画論と経済学への導入を経済理論の発展ないし，精緻化ととらえ，これを持って経済学のルネサンスととらえる見解に同意できないとの視点から，この理論を検討する。そのことの意義と根拠は，本章全体で明らかになるであろう。

　最適計画論を本章での検討課題に取り上げると言っても，対象領域の限定は避けられない。論点はまず最適計画論の「計画性」原理の基本的特徴を予備的に考察し，次いで最適計画論の価格論，社会的必要労働支出範疇の理解，両者の関連の検討に移る。

第1節　最適計画論における「計画性」概念

　最適計画論は計画化と管理の分権化を予定した理論であり，中央集権的な計画化と管理の方式，またそれを前提とした価格体系の抜本的改革を提唱した理論である。この理論は当面した経済的困難の原因を，価格の硬直性に由来する健全かつ合理的な機能の麻痺，国民経済の生産，分配，再分配，すなわち拡大再生産の計画化と価格政策との分断に求めた[8]。

　最適計画論では，「価格は計画作成過程で本質的役割を演じ」「計画の不可欠な要素として登場する」[9]。つまり，この理論は社会主義経済を市場メカニズム（商品＝貨幣関係，一種の自動制御機構）を備えた機能システムと考え，あるべき計画化と管理の姿を追求した[10]。この規範としての計画化と管理の姿が，社会主義経済の最適機能システムと呼ばれるものである。

　最適計画論には3つの命題がある。第一は，最適性の国民経済的尺度を社会的有用性の最大化におき，これを社会主義の経済法則とみなし，なおかつ社会的有用性を量的に表示する可能性を認めること，第二に物的資源，労働資源および自然資源の量的制限を所与とすること，第三は社会主義経済をヒエラルヒー的，多段階的システムとして把握することであった[11]。さらに，最適計画論には4つの仮定がある。それらは，①国民経済的目的関数の存在，②資源の希少性，③社会主義経済のヒエラルヒー的性格，④刺激の効果的システムの必要性，である[12]。これらは，最適計画の作成，あるいは社会主義的機能システム成立の前提条件であり，最適計画論の理論体系の公理である，とされた[13]。この前提条件をふまえ，最適機能システムを垂直的連関，水平的連関の両面において維持し，なおかつ最適性の国民経済的尺度そのものの修正という役割を担うのが，商品＝貨幣関係である。

　最適計画論の「計画性」原理についての基本認識を得るために，国民経済の生産計画が企業・部門の生産計画と並行して作成される過程を図式的に示したフェドレンコの展開を紹介する[14]。この過程は，中央レベルの計画作成と下級

の経済単位の活動がそれぞれの最適性の尺度である社会的有用性の最大化と利潤の最大化を求めて同時に進行すること，また生産計画と価格体系が密接に関連することを大きな特徴とする。後者は最適計画が与えられるとそれに照応する評価体系が決定されること，逆にそのような評価体系を与えると一義的に最適計画を実行可能計画のなかから発見しうることを指摘した Л. В. カントロヴィッチの考え方の敷衍であった[15]。

まず，中央計画機関は，社会の構成員の欲望の充足を最大にする国民経済的規模での最適性基準に依拠しながら各々の財の価格を決定し，その情報を下級の生産的諸環（部門，企業）に伝達する。価格は現存の生産的諸資源の制限を考慮し，政策作成に蓄積された経験などを頼りに，財の有用性を反映するように決定される。次に，下級の諸環は，伝達された価格に依拠しながら，利潤の最大化（＝最適性尺度）にてらして生産計画を作成する。作成された生産計画は，再び中央の計画期間に集約，集計される。最初のバリアントと下級の環によって提案され集計された後のバリアントとの間に不一致が存在すれば，一致するまで計画の調整が価格を媒介として反復的に繰り返される。この反復過程を経て，最適計画は最適価格の確定と同時に決定される。この過程が，社会の利益と個別経済単位の利益との統一機構としての最適機能システムの遂行過程である。

この過程に示された最適計画論の「計画性」概念の基本的考え方に対して，いくつかの疑問が存在する。また，最適機能システムにおける価格の性格づけに疑問が生じる。後者に関しては次節で検討することとし，ここでは最適計画論が社会主義経済の「計画性」概念をどのように理解しているかについて検討する。

まず，最適計画論による社会主義経済の「計画性」についての理解は明瞭でない。この理論は1930年代後半以降，四半世紀にわたる過度の中央集権的行政管理機構を否定し，企業の自主性を最大限に保障しながら国民経済の効率的運営をはかるとの問題意識から出発した。しかし，フェドレンコの計画作成過程の図式は，計画化と管理の中央集権的側面と分権的側面とを統一して示すよう

にみえながら，実は計画作成と価格決定のメカニズムの定式化にすぎず，結局，計画性の明確な概念的把握はない。ここから，最適計画論に対するさまざまな解釈が生み出された。

　この理論は国民経済的重要問題の解決を価格メカニズムに帰着させた。このことは市場メカニズムあるいは商品経済的合理性に多大の信頼をよせたことの結果であるが，そうだとすれば，最適計画論の構想は，市場社会主義論者のそれと平仄をあわせていたことになる。後者は社会主義経済を完全に分権的経済に委ね，個々の経済単位が生産に関するあらゆる決定を行い，競争（経済的刺激）を通じて自由に行動するならば社会主義経済全体の目的と個々の経済単位の合理的活動とが矛盾なく統一されるとする楽観的展望を描いた理論である。最適計画論者のひとりで，ЦЭМИ のメンバーであったボルコンスキー（В. А. Волконский）は，自らが依ってたつ立場と市場社会主義の見解との親和性について次のように述べた，「世界の数理科学の巨大な達成は，そのような価格システム（最適価格システム――引用者）が広範な諸条件のもとに存在すること，分権的最適管理のシステムの確立が商品＝貨幣関係，あるいはホズラスチョートの関係を基礎に可能であることを厳密に根拠づけたことにある」と[16]。Н. コバレフ（Н. Ковалев）は最適計画論のこの主張を問題視し，この理論が「計画性」概念の中央集権的側面に対してニヒリスティックな立場にたち，市場社会主義論を支持するものだと批判した[17]。

　最適計画論は「計画性」を集権的管理機構に重点をおいてとらえたのだと解釈するむきもあったが，はたしてそうだろうか。この考え方は社会主義経済を１つの自己完結的なシステムとして，フェドレンコ自身の言葉によれば「調和的全体」[18]として認識し，このシステムが中央の管理下で運営されると解釈する。ここでは，最適計画論のシステム性の強調は，「計画性」の集権的側面の理解とつながっている。商品＝貨幣関係がこのシステムの自動調整機構で想定されるといっても，社会主義経済のなかに現実の市場を創出する必要はないという。中央計画当局は，経済活動の背後に市場メカニズムが作動していると仮定し，これを数学的計算に置き換え，それによって生産計画が作成されるとい

うわけである。あるいは，管理の具体的方策として，国民経済のあらゆる段階に組織的な自動管理体系（電子計算機構）を創設し，これによって計画計算の演算処理を行えばよいとする。一種の完全計算の想定であるが，この結果，計画作成メカニズムは（フェドレンコ自身は否定しているものの）あたかも電子計算機によって遂行されるかのようにみえる[19]。生産手段の社会的所有が実現している社会主義経済の条件下では，このことが可能だというのである。

しかし，最適計画論のこの構想は（生産関係，所有関係は所与），経済の運営を計画化と管理の問題，それもその純機能的性格の問題に矮小化しかねない。最適計画論がその方法として下敷きにしているシステム論的アプローチ法がそもそも経済の実態分析に立ち入らず，機能的分析に終始する方法であるので，そうなってしまう危険性は大きかったのである[20]。

最適計画論自体の発展は，初期の市場社会主義論的視角から自動管理体系創出の方向に進んだ。いずれにしても計画化と管理の中央集権的側面と分権的側面の結合の定式化は，理論的に整理されることがなかった。

生産関係ないし所有関係を所与とし，国民経済の計画化と管理の方式を1つの機能システム（＝「単一の企業」）として考察する姿勢は，最適計画論にのみ固有なのではない。第1章で触れたように，古くは「1923/24年バランス」の編著者のひとり，Л. リトシェンコ[21]が，また第2章で指摘したようにС. Г. ストルミリン[22]が社会主義経済を単一の企業，あるいは単一総合企業として理解すると明言した。類似の主張は，数理的方法を重んじる論者によって繰り返された[23]。

これらの論者に共通していることは，「単一の企業」の指摘によって社会的生産関係，所有関係の分析に立ち入らず，社会的再生産を生産技術的関係に帰着させたことであった。レーニンは，この用語を『国家と革命』で使ったが，そこでは社会主義経済の新しい人間関係，労働規律に関連させて「単一の企業」を比喩としたのであって，国民経済の計画化と管理のシステムについて述べたものではない[24]。この点は銘記されるべきである。

最適計画論は，もともと企業や部門のローカルな，しかも純技術的性格の経

済課題(機械製造に対する作業配分,耕地に対する農作物の配分,輸送の計画化,複合原料の加工,工業資材の合理的裁断など)を解くために開発された理論である。国民経済=「単一の企業」の思想が,この制約をもつ最適計画論をストレートに国民経済課題の解決に適用する地ならし的役割を果たしたことは疑いない。

最適計画論の「計画性」概念の理解については,このほかに A. エリョーミン (А. Ерёмин), Л. ニキフォーロフ (Л. Никифоров) が最適計画論における「客観的法則の認識過程と国民経済作成過程の同一視」という重要な指摘を行った[25]。Ю. ベーリック (Ю. Белик) は最適計画論も含めた計画論への数理的方法の適用には計画=予測の見地が傾向的に見受けられると主張した[26]。

最適計画論が対象とした計画化と管理の問題は検討の余地が残され,今後とも検討課題のひとつとなりうる。その際,最適計画論のように,当面する経済課題を計画化と管理の問題にのみ求めること,後者を純粋に機能的問題に収斂させていく方法には異議がある。生産関係の分析に立ち入らず所与とすること,直接的生産関係と社会的再生産を考慮しないことにも疑問が残る。最適計画論が管理論にとどまることなく,構成経済学を自称する以上,なおさらである。

第2節　最適計画論の価格論

最適計画論は,ある一定の資源の制約条件のもとで社会構成員の欲望の最大限の充足(国民経済の究極目的)を最適価格の誘導で実現させるための計画作成と国民経済の管理に関する理論である。しかし,社会主義経済の諸条件下での価格形成原理と市場メカニズムの作用について,根拠のある説明がなされているのかと問うならば,ここにも疑義を挟まざるをえない。以下に,この疑義の根拠をその商品=貨幣論,価格形成論を検討することで明らかにする。

フェドレンコは,最適経済機能システムとしての社会主義経済において価格メカニズムが果たす自動制御機構の役割を展開した。その基本的考え方は,要約すると次のようである。

前章でもふれたが（153ページ），社会主義経済は，垂直的連関と水平的連関の交錯する複雑な多段階的システムである。垂直的連関は中央—部門—生産合同—企業の関係を，水平的連関は同一レベル上の諸企業間，諸生産合同間の関係をあらわす。商品＝貨幣関係は，これらの国民経済の垂直的，水平的連関の諸環節で作用し，社会主義経済の管理制度の中央集権的側面と各経済単位の分権的，自立的側面を合体させる。この場合，商品＝貨幣関係あるいは市場的（рыночный）関係は，3つの領域で想定されている[27]。1つは中央と下級諸機関の間に成立する関係，2つは同一レベル上での諸企業間，諸生産合同間の関係，3つは個人消費の領域である。価格は個々の経済単位のローカルな最適性（利潤の最大化）と社会全体の最適性（社会的有用性）とを調和させるシグナルとして，いわば「機能する計算価格」[28]として，生産の領域でも，消費の領域でも規制者（регулятор）の役割を果たす[29]。

最適計画論の価格メカニズムは，2本の柱を支えとした。一本目の柱は価格の反映する対象が社会主義経済的生産関係，具体的には社会的有用性（общественная полезность）である。フェドレンコは次のように書いた，「社会主義的価格は，……社会主義経済システムの生産関係を表現し，社会的欲望の充足における所与の資源の社会的有用性，その地位，役割を示すものである」と[30]。このように社会主義的生産関係を社会的有用性と直接結びつけた叙述は奇異に感じられるが，それは「経済資源の限界的社会的有用性がその現存量と逆連関にある」ことを社会主義的生産関係の重要な特徴してとらえる姿勢と関係がある[31]。諸資源は社会的有用性の観点から評価を受け，価格がこの評価の表現となる。他方，社会的有用性の中身は不変ではない。個人的消費者の選択は，福祉の増大，好みやモードの変化により変わりうるからである。商品＝貨幣関係は生産財にせよ個人的消費財にせよ，需要の側に生ずる変化の情報をいちはやく伝え，最適性尺度に対してフィードバック機能を遂行する。

2本目の柱は，価格設定が労働生産性の最も劣位の生産条件にある企業の生産費プラス利潤に基づき，しかも単一水準で決まるとの想定である。この価格設定は，社会がこの基準を維持する条件である。限界水準での企業の生産物が

社会的欲望を満足させる部分を構成するかぎり,この条件の創出が必要となる。とはいえ,このような価格設定は,比較優位な生産条件にある企業により多くの収益をもたらし,結果的に企業間に蓄積条件の格差を生み出す。したがって,この格差を是正するため,優位条件にある企業の収益の一部は定額納付金として国庫に吸収される。

　フェドレンコは,この2本の柱をそれまでの価格設定基準の欠陥から引き出した[32]。すなわち,かつて個々の生産物価格が基礎においていたのは平均的労働支出であったが,この価格基準を絶対化すると社会的平均的生産条件以下の計画＝赤字企業（плaново-убыточное предприятие）で,赤字採算が慢性化する。その結果,これらの企業における生産改善の経済的刺激がそこなわれ,国民経済全体としてみた場合,経済効率に関する正しい客観的表象をえることができない[33]。最適計画論は,資源の効率的利用,社会的有用性の最大化の観点から,あらゆる経済単位（企業）の正常な活動,企業行動の経済合理性の確保を経済機能システム完成の前提条件におく。恒常的に赤字採算をだし国家の補助金を受けなければ経営が成り立たない企業の存在は,好ましくない。

　興味深いのは,最適計画論の社会的必要労働支出（общественно необходимый затрат труда）概念の解釈である。価格は限界水準の企業の支出で設定されるから,社会的必要労働支出も当然,この企業で生産される生産物に費やされた過去労働と生きた労働との和となる。この限界水準の企業の生産物の供給は,社会のこの生産物に対する需要を満たす。逆に言えば,限界水準の企業が慢性的な赤字採算の企業であり続ければ,社会的必要労働支出は社会的平均的生産条件の企業の労働支出に限定されず,限界水準の企業のそれに依拠することになる。

　最適計画論の社会的必要労働支出概念のこのような考察は,この理論がその整合性をはかろうとした労働価値論で根拠づけられたことになるだろうか。

　フェドレンコは次のように書いた,「ある所与の時点での資源の有限性を考慮する最適計画では,生産物の社会的有用性は,その生産に対する社会的に必要な労働支出に照応して存在する。この点で,最適計画の概念そのものはマル

クスの労働価値論から出発している事実があらわれる」と[34]。社会的必要労働支出に規定されるのが生産物の価値であり，価格が価値の現象形態であるにしても，社会的有用性は社会的必要労働支出にただちに照応するものではない。価格が社会的有用性を直接，反映すると考えるのは無理である。

　フェドレンコは，自らのよってたつ労働価値論を「生産物の社会的有用性はその生産に対する社会的に必要な労働支出と照応する」という指摘でかたづけている。フェドレンコは，ここで価格の反映する対象について何も語っていない。しかし，彼が価格の反映対象として念頭にいれていたのは価値ではなく，社会的有用性であったことは次の引用から明らかである。すなわち，「あらゆる資源と生産物の価格は，社会主義の諸条件では社会的有用性を通じて表現される。価格は社会的有用性の貨幣表現となっているのであって，生産物の価値のそれではない」のである[35]。

　最適計画論は社会的必要労働支出を限界水準の企業の労働支出と考えた，と先に述べた。しかし，最適計画論の価格形成原理は，生産物の価格がその生産に必要な諸資源，労働，生産手段の諸要素の社会的評価（これは社会的有用性と生産諸要素の直接的対比で決定される）の総和として与えられることになっていた。要するに，個々の生産諸要素，労働にせよ生産手段にせよ，それぞれが独立に等しく生産物の価値形成に寄与するとする「三位一体」的考え方にたっているのである。フェドレンコが「価格は社会的有用性の貨幣表現」と述べた含意は，この点にあった。そうであるならば，最適計画論が労働価値論に立脚するとの叙述は，フェドレンコ独自の解釈ということになる。

　以上の最適計画論の価格論に対して，たとえば H. コバレフ，Я. クロンロード（Я. Кронрод）などから社会的有用性概念の実体について，その経済的内実は明瞭でないとの批判がなされた[36]。A. エリョーミン，Л. ニキフォーロフは，最適計画論が商品＝貨幣関係の本質論（重要な経済学的問題）の１つを扱いながら，社会主義的所有および労働概念との関連づけを無視していると指摘した[37]。B. ジャチェンコ（B. Дьяченко）は，労働価値論の立場から生産物の有用性（＝使用価値）を直接比較するのは無理であり，共通の尺度としての価値

を媒介にしなければ比較できないこと，個々の生産要素が価値を生むかのように主張する見地は誤りであると主張した[38]。

これらの批判を受けて，フェドレンコは最適機能システムにおいて商品＝貨幣メカニズム（таварно-денежный механизм）というタームは価格メカニズム（ценностной механизм）と名付けたほうが適切であると述べた[39]。

Ш. Я. トゥレツキー（Ш. Я. Турецкий），А. パシコフ（А. Пашков）は限界水準での価格設定が小売価格の上昇をもたらす危険性を指摘した[40]。А. コーミン（А. Комин）も限界水準の労働支出を社会的必要労働支出と理解したうえで，社会的必要労働支出＝価格と短絡させる思考は，「結局のところ，このことはすべての貨幣単位の下落，価格標準の増大以外の何ものでもない」と述べた[41]。

フェドレンコはこれらに対して卸売価格の上昇の可能性は認めたものの，それがただちに小売価格の上昇につながるわけではないと応えた[42]。しかし，十分な論証はなかった。

最適計画論の最大の欠陥は，理論の中軸をなす価格論が社会主義的拡大再生産と切り離されて展開されたことであった[43]。この欠陥の根拠は，社会主義経済において価格が果たす商品経済的合理性の役割に過大な期待をかけたことにあった。しかも，この価格の商品経済的合理性の論証は全くないまま，この観点から既成の経済学のカテゴリーに修正が加えられた。

以上の欠陥は，社会的必要労働支出概念の独自の解釈にあらわれている。すでにみたように，最適計画論は，限界水準の企業の生産する生産物が社会の需要にとって必要な生産物を構成することを根拠に，社会的必要労働支出概念をこの企業の労働支出水準で規定した。社会主義社会で限界水準にある企業の技術水準と労働生産性の向上を保障し，正常に活動する企業に仲間入りさせることは，企業の自主性の確保にとっても，また社会の需要にみあう生産物の供給の確保にとっても必要である。赤字採算の企業をなくすことを目的に，経済的刺激の措置として限界水準の企業の支出で価格を設定することも一時的，また特殊な部門の条件付き方策としてありうる。

限界水準の企業の生産する生産物が社会の需要に必要であるという事情は，経済の生産力水準が全体として十分に高くなく，同一部門内の企業間，地域間の生産条件の格差が大きく，しかも下位水準の企業の生産物が社会的生産物全体に占める割合が高いという特殊な条件の反映である。したがって，そのような価格設定は，特殊な歴史的経済条件のもとでの過渡的政策としてありえても，一般的に社会的平均的生産条件のもとでの労働支出を価格の基準にすえる伝統的方法を放棄することにはならない。ましてや社会的必要労働＝限界水準の企業支出との理論的規定は拙速の感をまぬがれない。

　最適計画論の価格形成原理，すなわち価格が価値の現象形態と考えるのではなく，資源の希少性，生産フォンド容量，労働の熟練度などの要因の経済評価から形成されるというとらえ方にも同じことが言える。労働生産性の内的発展の1つの手段として，生産諸要素の経済効率を高め，無駄をなくすことを政策に掲げることはありうる。なぜなら，資源の希少性の無視，生産フォンドの使用上の無駄は，労働生産性の上昇にとってマイナス要因だからである。現に当時のソ連経済では生産諸要素の効率を高めることは，当面の経済困難を克服する不可欠の要因と考えられた。労働生産性上昇の政策の重点がそこにおかれ，経済的刺激の要素として価格に生産諸要素の経済効率を反映させる措置が講じられなければならなかった実情は理解できる。とはいえ，効率の上昇は技術水準を所与とし，技術発展の動的要因を捨象した時には，労働生産性上昇の1つの要因，それも消極的要因にすぎない。最適計画論は，効率重視という特殊歴史的な政策的事情を一面的に強調し，これを価格の商品経済的合理性の信仰と結合して，価格形成の一般的理論的原理に昇格させたのである。

　限界水準にある企業の多数の存在，労働生産性の内包的発展の諸要因のひとつとしての効率の重視は，ソ連経済の特殊歴史的条件のあらわれであった。しかし，最適計画論は，この問題に関わる特殊性の認識を欠いたまま，価格機能の合理性に対する過信のもとに，価格形成論の一般的理論的結論を与えた。このことがもたらした弊害は，小さくなかった。最適計画論が価格の本質を社会的平均的生産条件のもとでの抽象的人間労働の凝固物とする規定を安易に捨て

た結果，それを直接的生産過程，社会的再生産の条件に踏み込んで，技術進歩に基づく労働生産性の上昇，経済における生きた労働の役割の合法則的解明に求める視座は結果的に断念されることになった。

　以上の検討を総合して判断すると，最適計画論における価格論の脆弱性は明らかである。最適計画論では，価格の実体，形態，機能の三者は，統一的に把握されることがなかった。

　もっとも次のような反論が可能である。最適計画論と労働価値論とでは課題の論理的次元がそもそも異なるのではないか，と。この考え方は，前者が社会主義経済制度の計画化と管理のシステムをいかに合理的に組織し，機能させるかに関わる次元の理論であるのであるから，労働価値論のように経済社会構成体の客観的法則の認識という抽象的次元の議論とかみあわないとする見解である。

　この反論は，最適計画論が社会主義的生産の商品生産的本質を認めているわけではないという主張である[44]。最適計画論では商品＝貨幣関係，価格メカニズムというタームが理論の重要な構成要素になっているが，そのことは社会主義をたとえば市場社会主義者のレオンチェフのように「計画的な，組織された商品生産」[45]と規定することではない。換言すれば，最適計画論でいう価格メカニズムは，現実の経済の実物領域のそれではなく，国民経済のあらゆるレベルに設けられた電子計算技術にもとづく自動管理体系（情報の処理と加工）のそれである。しかし，最適計画論者の主張がそうであっても，この制御過程のおけるメカニズムと経済の実物過程のそれとの対応関係が問われることが避けられないことは言うまでもない。

　Н. И. シェヘト（Н. И. Шехет）の次の指摘は正鵠を射ている，「若干の経済学者は（最適計画論者——引用者）社会主義の政治経済学のより具体的な諸問題，とりわけ最適計画化の諸問題を解決する際に，事実上，経済的評価としての労働を認めず，それゆえに，社会主義のもとでの社会的必要労働支出についての問題設定そのものの正当性を否定している。このような立場は，社会的使用価値の生産が社会主義社会の目的であるために，労働が社会的費用の尺度で

あることをやめたという主張に基づく。……社会主義のもとでの社会的必要労働の問題への消極的な姿勢は、社会主義的生産様式の非商品生産的本質の絶対化と結びついている」と[46]。

この引用は、最適計画論の実体＝価値なき価格論がその機能主義的性格をまとわざるをえなかった根拠を、この理論の社会主義経済理解と結びつけて指摘した点で興味深い。最適計画論による社会主義的生産の非商品生産的性格の強調は、価格の形態なり、機能なりが実体としての抽象的人間労働といかに関連するのかを論証しないことにした弁明にすぎないという指摘である。

価格の形態、機能の展開は、価格の本質に立ち返って考察しなければ明らかにならない。最適計画論の系譜でも、たとえばノヴォジロフは彼のいわゆる較差支出を「社会的必要労働支出」とみなした[47]。もっとも、フェドレンコ、シャタリンなど最適機能システムにおける最適性の尺度を社会的有用性の最大化に求めるようになると、価値論的関心が希薄になった経緯は、すでにみたとおりである。

以上、最適計画論を価値論的視点から考察した場合にも、社会主義経済論、計画論としていくつかの欠陥のあることが明らかになった。全体として、最適計画論が当時の国民経済的課題を解決するのにふさわしい理論たりえたかという問いに対しては、否定的にこたえざるをえない。

おわりに

本章が対象とした課題は、ЦЭМИ の論者、とりわけフェドレンコの最適計画論の「計画性」の理解とその商品＝貨幣関係、価格論の理論的構成を吟味することにあった。検討した課題は限定的であった。

とはいえ、そのような限定のもとでの検討であれ、そこから得られた結論——社会主義経済の「計画性」の理解の一面性と過度の単純化、ないしは計画の中央集権的側面の軽視、価格論の価値論的脆弱性からくる生産過程、再生産分析の欠如、計画化と管理の機能的側面に偏った解釈など——はカントロヴィ

ッチ，ノヴォジロフを代表とする最適計画論の系譜にある研究者たちの見解に，またより一般的に計画化と管理に数理的方法を積極的に導入する数理派とよばれる論者の見解に妥当するものである。フェドレンコの最適計画論は，システム論的アプローチに関わる明確な方法論的意識をもっていたが，その内容に立ち入って考察すると，その基本構想はカントロヴィッチ，ノヴォジロフの見地，数理派の考え方の踏襲である。

　フェドレンコの最適機能システムにおける価格の役割の解釈は，カントロヴィッチが『生産組織と生産計画の数学的方法』(1939年) で開発した解決乗数法の思想と，それを国民経済規模での計画化の適用の際に発展させた客観的必然的評価の考え方とをより単純化，図式化して展開したものである。既存資源を所与として（価格の）最適経済機能システム論を構築するフェドレンコの方法は，価格が資源の希少性を反映しなければならないことを示唆したノヴォジロフの見解に多くを依拠している。機能分析先行のもとでの実態分析の欠如，所有関係，生産関係の問題に立ち入ることなく，経済の発展を管理の問題，効率の問題においてとらえたフェドレンコの最適計画論の特徴は数理派全体に共通したコンセプトであった[48]。

注
1) 芦田文夫『社会主義的所有論と価値論』青木書店，1976年，参照。
2) Л. В. Кантрович. Экономический расчёт найлучшего ресурсов. Изд. АН. 1960. (吉田靖彦訳『社会主義経済と資源配分』創文社，1965年).
3) В. С. Немчинов. Стоимость и цена при социализме,《Вопросы эконоики》No. 12. 1960.
4) В. В. Новожилов. Измерение затрат и их результатов в социалистическом хозякстве.《Применение математики в экономических исследованиях》. Москва, 1959)
5) Л. А. Леонтьев.《План и стоимость》. Москва, 1965.
6) Г. С. Лисичкин.《План и рынок》. Москва, 1966.
7) 岡稔「構成的経済学」『経済研究』第16巻第4号（1965年10月），小野一郎「社会主義経済と最適経済機能システム論」『立命館経済学』第22巻3・4号（1973年

10月)，山本正「ソヴェト経済学界における数学的利用の動向 (1)」『法経論集』第39号 (1977年3月)，芦田文夫，前掲書，大津定美「社会主義計画経済論の生成と発展」『講座：経済学史Ⅳ』同文舘，1977年。

8) Н. П. Федоренко. Цена и оптимальное планироване, 《Коммунист》 No. 8, 1966, стр. 84.

9) Н. П. Федоренко. 《О разработке системы оптимального функционирования экомомики》, Москва. 1968, стр. 35. [以下，Н. П. Федоренко (1968) と略]

10) 最適計画論のノルマチーフ的性格については，次の文献参照。Я. Кронрод. Теоретические проблемы оптимального развития народного хозяйства, 《Плановое хозяйство》 No. 5, 1973, стр. 84.

11) ソ連科学アカデミー経済部会科学会議主催「最適価格と価格形成」の討論会でのフェドレンコ報告 (《Дискусия об оптимальном планировании》. Москва, 1968)。要約として以下の文献がある (Обсуждение об оптимизации планирования и управления социалистической экономикой, 《Экономика и математические методы》 том 3, вып. 2, 1967; Л. Левшин. Дискуссия об оптимальном планировании и ценообразования, 《Вопросы Экономики》 No. 5, 1967)。

12) Дискусия об оптимальном планировании. Москва, 1968, стр. 7-9.

13) 最適計画論の公理系に対する疑問の提示は，クロンロード前掲論文，85ページ以降参照。

14) このシェーマは次の文献による。Н. П. Федоренко (1968), стр. 34-35.

15) Л. В. Кантрович. Математическе методы организации и планирования производства. Ленинград. 《Применение математики в экономических иследованиях》. 1959.

16) В. А. Волконский. 《Модели оптимального планирования и взаимосвязи экономических показателей》. Москва, 1967, стр. 10.

17) Н. Ковалев. Политическая экономия социализма и экономико-математические методы, 《Плановое Хозяйство》 No. 5, 1970, стр. 34.

18) Н. П. Федоренко. Проблемы теории и практики оптимального функционирования народного хозяйства, 《Экономика и математические методы》 том 3. вып. 5, стр. 651.

19) Н. П. Федоренко (1968), стр. 35.

20) この点は，現代経済学の主要な分析手法としてシステム分析などの問題点に触れた，是永純弘「現代経済学の方法・思想的特質」『現代経済学批判Ⅰ』日本評論社，1975年，参照。

21) Л. Литошенко. Медод соствления народного хозяйственного баланса.《Труды ЦСУ СССР т. XXIX: Баланс народного хозяйства Союза ССР 1923-24 года》, Москва, 1926, стр. 65, 67.
22) С. Г. Струмилин. К теории баланса народного хозяйства,《Плановое хозяйство》No. 9-10, 1936. (С. Г. ストルミリン「国民経済バランス論」『計画経済』1936年, 第9・10号, 政治経済研究所訳『ソ同盟計画経済の方法論』1948年).
23) たとえば, 次の論稿。В. Дунаева. Политическая экономия и математические метюды,《Вопросы Экономики》No. 9, 1975, стр. 76.
24) 『レーニン全集』第25巻, 511〜512ページ。「記帳と統制——これが共産主義社会の第一段階を『調整』するために, これをただしく機能させるために必要とされる主要なものである。ここではすべての市民は……一つの全人民的な国家的『シンジケート』の勤務員と労働者になる。(中略)。社会全体が, 平等に労働し平等に賃金をうけとる一事務所, 一工場となるであろう」(強調は原文)。
25) А. Ерёмин, Л. Никифоров. О теории《Конструктивной》полититической экономики,《Вопросы эконоики》No. 6. 1969, стр. 119.
26) Ю. Белик. Научное прогнозирование в перспективном планировани,《Плановое хозяйство》No. 5, 1973, стр. 24.
27) Н. П. Федоренко (1968), стр. 37.
28) シンポジウム「社会主義最適経済体制論の現実——フェドレンコ『経済の最適機能システムの作成について』をめぐって——」『経済評論』1969年10月号, 144ページ, での岩田昌征の報告より。
29) Н. П. Федоренко (1968),там же, стр. 37.
30) Н. П. Федоренко (1968),там же, стр. 39.
31) Н. П. Федоренко (1968),там же, стр. 38.
32) フェドレンコの指摘するソ連の価格体系の弱点は, ①価格が生産計画と独立に決まること, ②生産物の差異, 生産フォンド, 自然資源の要因の無視, ③中央集権的, 硬直的な点であった。Н. П. Федоренко. Цена и оптимальное планироване,《Коммунист》No. 8, 1966, стр. 84-85.
33) Н. П. Федоренко. там же, стр. 88.
34) Н. П. Федоренко. Социально-экономические цели и планироване.《Коммунист》No. 5, 1972. стр. 64.
35) Н. П. Федоренко, С. С. Шаталин. К проблеме оптимального планировани социалистической экономики,《Вопросы экономики》No. 6, 1969, стр. 100.
36) Н. Ковалев. там же, стр. 37, Я. Кронрод. там же, стр. 88.

37) А. Ерёмин, Л. Никифоров. там же, стр. 113.
38) В. Дьяченко. Основы цены в социалистическом хозяйстве,《Вопросы экономики》No. 10, 1968.
39) Н. П. Федоренко (1968), стр. 30.
40) Л. Левшиц. Дискусия об оптимальном планировании и ценообразования,《Вопросы экономики》No. 5, 1967. にみられる両者の発言。
41) А. Комин. Пересмотр оптовых цен и приближение их к общевено необходимым затратам,《Вопросы экономики》No. 4, 1967. стр. 16.
42) Обсуждение об оптимизации планирования и управления социалистической экономикой,《Экономика и математические методы》том 3, вып. 2, 1967, стр. 320.
43) Я. クロンロードは, 最適概念の重要性を認めながら, これを社会主義経済の発展法則, 再生産論に立脚させるべきことを主張した (Я. Конрод. Экономический методорогии оптимум и некоторые вопросы методорогии оптимизации народнохозяйственных планов,《Вопросы экономики》No. 1, 1968. стр. 53)。
44) Н. П. Федоренко (1968), там же, стр. 28
45) レオンチェフ「マルクス主義と社会主義的商品＝貨幣関係」『平和と社会主義の諸問題』1968年, 第5号 (邦訳『社会主義経済学――マルクス主義経済学教科書』岩崎学術出版社, 1970年, 所収, 246ページ)。
46) Н. И. Шехет. Общевено необходимые затраты труда,《Вестник Московского Университета》No. 3, 1968, стр. 36.
47) В. В. Новожилов. Теория трудовой стоимости и математика,《Вопросы экономики》No. 2, 1964. стр. 107. (較差支出の価値論的基礎の脆弱性, 価格の機能論的解釈に関しては, 是永純弘「ソヴェト経済学における数学利用とその問題点」『土地制度史学』第31号, 1966年, 参照)。
48) フェドレンコの最適計画論が計画化と管理の経済学の分野で, このような位置にあることは, 次の文献を参照。Е. З. Майминас. К истории и перспективам развития экономико-математических исследований в СССР.《Проблемы планирования и прогнозирования》. Москва. 1974.

あとがき

　各章の初出は下記のとおりであるが，本書への収録に際し大幅な加筆，削除，文言の訂正，図表の整理を行った。

第1章　「『1923/24年ソ連邦国民経済バランス』の作成経緯と方法論——社会的再生産構造把握のための最初の統計——」
　　　　（「『1923/24年ソ連邦国民経済バランス』の作成経緯と方法論——旧ソ連邦統計の歴史の一齣——」『立教経済学研究』（立教大学経済研究会）第62巻第4号，2009年3月）

第2章　「国民経済バランスの史的展開（1930〜55年）——経済計算の体系化とストルミリン表式——」
　　　　（「国民経済バランスの史的展開（1930〜55年）——国民経済計算の体系化とストルミリン表式——」『立教経済学研究』（立教大学経済研究会）第65巻第1号，2011年7月）

第3章　「国民経済バランス体系の確立と部門連関バランス——歴史的位置と理論的基礎——」
　　　　（「国民経済バランス体系と1959年部門連関バランス——歴史的位置と理論的基礎——」『立教経済学研究』（立教大学経済研究会）第65巻第2号，2011年10月）

第4章　「国民経済計算体系の方向転換—— MPSとSNAの統合——」
　　　　（「ソ連における国民経済計算体系の方向転換：MPSとSNAの統合」『経済学研究』（北海道大学経済学部）第41巻第4号，1992年3月）

第5章　「最適経済機能システム論と生産関数論——数理派の経済観——」
　　　　（「ソヴェト数理的計画論における社会主義経済構造把握の特徴につ

いて」『経済学研究』北海道大学経済学部，第28巻第3号，1978年
8月）
第6章　「最適計画論の特徴と問題点」
（「ソヴェト最適計画論の特徴と問題点」『土地制度史学』土地制度
史学会，第80号，1978年7月）

　想えば本書に納めた論稿のテーマは，わたしが統計研究者としての道を歩む決心をしたときに，指導教授との相談の過程でその形を整え，定められたものである。当時，かなりの時間と労力を割いてロシア語の文献を翻訳し，手書きの論文にまとめたが，それらは公表されることもなく，研究室の書棚の眼につきにくい隅に埃をかぶったまま放置されていた。
　数年前にこれらを論稿にまとめようと思いたち，旧稿を再検討したが，そのままでは公にする体裁と内容と形式をともなっていないことがわかり，ここ数年かけて大幅に書き直し，一連の論稿として結実させた。
　現在の経済統計学の領域でロシア語文献をベースにした論稿がどれだけの意義をもつのか心もとなく，幾多の逡巡があったが，類書がないと判断し書籍として刊行する決心をした。
　末尾になってしまったが，わたしの気持ちを汲んでいただいた日本経済評論社代表取締役栗原哲也氏，出版部の谷口京延氏に，この場を借りて厚くお礼申し上げる。

2011年10月2日　立教大学研究室にて

索　引

人名索引

【あ行】

アガンベギャン, А. А. ………………… 104
芦田文夫 ………………………………… 180
アンチシキン, А. И. ………… 161, 169-171
イグナトフ, В. ………………………… 54-57
イワノフ, И. ……………………… 138, 146
ヴァインシテイン, Альб. Л. …… 155, 165-167, 169
ヴィシニェフ, С. М. …………… 167, 168
ヴォルコンスキー, В. А. ……………… 153
エイデリマン, М. ……… 73, 98, 104, 113, 120, 122
エフィモフ, А. Н. …………… 114, 119, 124
エリョーミン, А. …………………… 185, 188
大津定美 ………………………………… 180
小野一郎 ………………………………… 180

【か行】

カーツ, А. ………………………… 165-167
カツネネリンボイゲン, А. …………… 164
カツネネレンバウム, З. С. ……………… 19
ガブリレッツ, Ю. ……………………… 105
カントロヴィッチ, Л. В. …… 9, 104, 153, 155, 165-167, 169, 179, 182, 192
キリチェンコ, Н. ……………………… 105
グリャーゼル, Л. ……………………… 168
クレミシェフ, П. ……………………… 105
グロヴェンコ, И. Г. …………………… 155
グローマン, В. Г. ………… 14, 18, 20, 21, 55
クロツボーグ, Ф. ………………… 105, 121
クロンロード, Я. ……………………… 188
ケネー, F. ………………………………… 22
コソフ, В. ………………………… 105, 114
コトフ, И. В. …………………………… 158
コバレフ, Н. …………………… 183, 188
ゴリコフ, Л. И. ………………………… 155
ゴルバチョフ …………………………… 133

【さ行】

シェヘト, Н. И. ……………………… 191
シビルコフ, Ю. ………………………… 105

シャタリン, С. ………………… 121, 192
ジャチェンコ, В. ……………………… 188
スターリン ……………………………… 68
ストルミリン, С. Г. …… 3, 7, 8, 16, 18, 19, 42, 58, 59, 62-66, 73-75, 77-82, 184
スボロフ, Б. …………………………… 105
ソートニク, Т. ………………………… 20
ゾーバーマン, А. ………………………… 9
ソーボリ, В. А. …………… 8, 66, 91, 99, 101
ソコリニコフ, Г. Я. ……………………… 15
ソロビエフ, Н. ………………………… 105

【た行】

ダダヤン, В. …………………… 104, 105
ツァゴロフ, Н. ………… 58, 59, 63, 65, 82
ツュルパ, А. Д. ………………………… 18
トゥレツキー, Ш. Я. …………………… 189
トラハテンベルク, И. А. ………………… 43
トロツキー, Л. Д. ……………………… 15

【な行】

長屋政勝 …………………………………… 1
ニキフォーロフ, Л. ………………… 185, 188
二瓶剛男 …………………………………… 1
ネムチノフ, В. С. …………… 9, 104, 179
ノヴォジロフ, В. В. …… 9, 160, 164, 179, 192, 193
ノートキン, А. ………… 58, 59, 63, 65, 82
野沢正徳 ………………………………… 89

【は行】

芳賀寛 …………………………………… 89
バザロフ, В. А. …………… 14, 18, 20, 21
パシコフ, А. …………………………… 189
パブロフ, А. Н. ………………………… 43
バロッド, К. …………………………… 20
ピャタコフ, Г. Л. ……………………… 15
フェドレンコ, Н. П. …… 152, 160-163, 179, 181, 183-189, 192-193
ブハーリン, Н. И. ……………… 11, 23, 55-57
プロツェンコ, О. П. …………………… 114

ベーリ, Я. ……………………… 104, 119, 121
ベーリック, Ю. …………………………… 185
ペトロフ, А. И. ……………… 6, 43, 51, 55, 68, 101, 104
ペリコフ, Ю. ………………………………… 106
ペルヴーヒン, А. Г. …………………………… 43
ベルキン, В. ………………………………… 101
ボール, М. З. ……………………………… 20, 113
ポゴソフ, И. ……………………………… 133, 134
ポポフ, П. И. ………………… 4, 11, 17, 20-23, 55
ボルコンスキー ……………………………… 183

【ま行】

マルイシェフ, И. ……………………………… 69
マルクス, К. ………………… 6, 7, 22, 53, 74, 91, 163
マレンコフ ………………………………… 74
ミハレフスキー, Б. Н. …………………… 155, 171, 172
メンデリソン, А. ………………………… 58, 59, 66
モスクヴィン, П. М. ………………… 43, 50, 79-82, 104
モロゾワ, И. …………………………………… 32

【や行】

山本正 ……………………………………… 180
ヤレメンコ, Ю. В. ……………………………… 170
ユスポフ, М. ………………………………… 106
横倉弘行 ……………………………………… 89

【ら行】

リーベルマン, Е. Г. ……………………………… 151
リシチキン, Г. ………………………………… 180
リトシェンコ, Л. ………………… 4, 11, 15, 24-27, 30, 184
リフシッツ, Ф. ………………………………… 101
リャブーシキン, Б. …………………… 133, 138, 139, 146
リャブーシキン, Т. В. ……………………… 21, 32, 51
レイプキント, Ю. ……………………………… 105
レーニン, В. И. ……………………… 3, 12, 15, 184
レオンチェフ, Л. А. ………………………… 180, 191
レメシェフ, М. ………………………………… 105

【わ行】

ワルラス ……………………………………… 126

事項索引

【あ行】

一般均衡論 …………………………………… 126
一般政府 ……………………………………… 136
インフレーション ………………………………… 19
ウクラード ……………………………………… 33, 59
エネルギーバランス ……………………………… 27
卸売価格 ……………………………………… 189
卸売価格の改訂 ………………………………… 179

【か行】

外延的発展要因 …………………………… 169, 170
解決乗数法 …………………………………… 193
科学アカデミー電子管理機械研究所（ИНЭУМ）
……………………………………………… 101
科学アカデミー中央数理経済研究所（ЦЭМИ）
…………………………………………… 104, 113
科学＝技術革命 …………………… 151, 155, 167, 168
価格表示バランス ……………………………… 108
価格メカニズム ………… 152, 153, 155, 162, 163, 183,
    186, 189, 191

較差支出 …………………………………… 179, 192
確率論 ………………………………………… 51
家計 …………………………………… 136, 140, 147
価値形態 ……………………………………… 162
価値法則 ………………………… 5, 31, 55, 57, 81, 164
価値論 ………………………………… 7, 163, 191, 192
過渡期 ………………………… 4-6, 19-21, 25, 33, 55-57
過渡期経済 ……………………………… 5, 41, 55, 56
貨幣価値 ……………………………………… 19
貨幣計算 ……………………………………… 19
貨幣死滅論 …………………………………… 19
貨幣＝商品メカニズム ………………………… 133
企業 ……………………… 95, 113, 137, 140, 141, 147
技術産業サービス者 …………………………… 136
技術進歩 ……………………………… 152, 166-173, 191
規制者 ………………………………………… 186
帰属家賃 ……………………………………… 139
逆行列係数 …………………………………… 9
客観的必然の評価 ………………… 154, 155, 179, 193
協同組合＝コルホーズ企業 …………………… 95
協同組合＝コルホーズ的所有形態 ……………… 63

均衡	21-23, 55
均衡条件	23, 24
均衡論	8, 18, 21, 23, 42, 51, 54, 66
均衡論批判	5, 7, 54, 58
近代経済学	158
金融＝貨幣関係	135
クスターリ	27, 30
計画＝赤字企業	164, 187
計画化と管理の方式	152
計画国民経済バランス	54
計画性	181-183, 185, 192
計画部門連関バランス	103
経済改革	151, 179, 180
経済学死滅論	5
経済効率	159, 161, 169, 173, 179, 187, 190
経済循環	131, 147
経済的刺激	183
経済の最適機能化システム	180
経済の最適計画化と機能化のソヴェト学派	151
ケネー経済表	18, 20, 22, 23, 24
限界水準の企業	187-190
限界生産性	156, 169, 170
限界生産力概念	158
限界代替率	156, 157
限界の効率指標	169
減価償却	114, 115, 119, 141
県統計所	12
現物表示バランス	108
原問題	153
工業統計	30
工場法に基づく総生産高指標	10, 11, 53, 62, 82
構成経済学	179, 180, 185
公理	181
小売価格	189
ゴエルロ計画	3, 12, 13, 17, 24
ゴータ綱領批判	8, 53, 91, 99
国際収支表	131
国富バランス	66
国民経済計算	1, 19, 41, 42, 51, 89, 133
国民経済計算体系	33, 118, 131, 132, 139, 142, 146
国民経済効率	124
国民経済固定フォンドバランス	91, 95, 100
国民経済諸部門の年間生産物の分配	44
国民経済総括バランス	69, 131
国民経済的生産費	179
国民経済的方法に基づく総生産高指標	10
国民経済発展計画	106
国民経済発展5カ年計画	67
国民経済バランス総括表	91, 95
国民経済バランス体系	3, 5, 8, 10, 42, 43, 53, 69, 83, 89-91, 101, 116, 125, 138, 142, 143
国民経済バランス論	7, 51, 55, 56, 58, 59, 68, 79
国民経済復興発展期	68
国民経済部門の生産的連関	95, 99
国民所得	5-7, 32, 45, 53, 62, 65, 66, 78, 91, 98, 106, 107, 109, 114, 115, 120, 134, 135, 139, 141, 147, 166, 167
国民所得計算	5
国民所得統計	6, 131
国民所得バランス	5, 52, 53, 66, 73, 82
国民貸借対照表	131
国有企業	95
ゴスプラン	5, 13, 15, 18, 42, 54, 67, 123
ゴスプラン科学研究経済研究所	101, 113
ゴスプラン付属生産力研究会議	104
国家電化計画	3
固定フォンド	31, 95, 100, 114
固定フォンドバランス	69, 95, 100
個別物材バランス	108, 113, 118, 125
コルホーズ	52

【さ行】

サービス部門	7, 59, 77-80, 133, 138
最高国民経済会議	12, 53
最終消費	147
最終消費支出勘定	137
最終生産物	159, 170
最小限主義者	16
再生産表式分析	11
最適機能システム	181, 182, 189
最適計画論	153, 155, 159, 160, 179-193
最適経済機能システム論	152, 153, 159, 160, 162-165, 193
最適性尺度	186
財務バランス	17, 66, 69, 82, 137
産業連関表	3, 9, 89, 121, 126, 131, 132, 142, 143
産業連関分析	9, 89, 116, 126
資金循環表	131
資源の希少性	154, 181, 190, 193

資源の効率的利用 …………………… 187
資源の適正配分 ……………… 159, 162, 164
市場経済 ………………………… 133, 135, 148
市場社会主義 ……………………… 180, 183
市場メカニズム ……… 135, 162, 164, 181, 183, 185
システム論的アプローチ ……… 160, 180, 184, 193
自動管理体系 ………………………… 173, 184, 191
自動制御機構 ………………………… 153, 181
指導的環 …………………………………… 12, 64
指導的環の理論 ………………………… 3, 7, 56
資本形成勘定 ………………………………… 137
資本主義的再生産 …………………………… 63
資本主義的生産関係 ……………………… 74
資本調達勘定 ……………………………… 136, 137
資本論 …………………………………… 8, 11, 23
社会主義経済 ………………………………… 189
社会主義経済の最適機能化論 ……………… 179
社会主義的拡大再生産 ……………………… 7, 58
社会主義的再生産 ………………… 63, 65, 69, 74
社会主義的所有 ……………………………… 188
社会主義的生産関係 ……………………… 162, 180
社会主義的セクター ………………………… 33
社会の再生産 ……… 1, 2, 21, 25, 41, 73, 78-82, 131,
    143, 148, 164, 184, 185, 191
社会の消費フォンド ………………………… 81
社会の生産物 ……… 8, 11, 23, 32, 44, 51-54, 62, 64, 66,
    76, 78, 79, 91, 98-101, 106-109, 115, 117, 118,
    134, 135, 159, 190
社会の生産物と国民所得の生産，分配および再
    分配のバランス ………… 72, 91, 99, 131, 134
社会の生産物の生産，消費および蓄積のバラン
    ス ……… 6, 66, 90, 91, 98, 99, 106-108, 118, 131,
    134, 143
社会の生産物の生産と第一次分配 ………… 95
社会の生産物の分配 ………………………… 91
社会の生産物の流通 ………………………… 95
社会の必要労働 ……………………… 187, 190-192
社会の必要労働支出 ………………… 163, 180, 187-189
社会の分業 …………………………………… 163, 164
社会の平均的生産条件 ……………………… 187
社会の有用性 …………… 153, 155, 163, 164, 182, 186-188
社会の有用性の最大化 ……………………… 187, 192
社会の欲望 …………………………………… 187
社会の労働 ………………………………… 6, 59, 163
社会統計学 ……………………………………… 1

重化学工業優先 ……………………………… 9
重工業部門優先の蓄積方式 ………………… 13, 74
重工業優先政策 ……………………………… 6
重複計算 ……………… 62, 65, 79, 82, 138, 141
住民の階級，グループ間の国民所得の分配と再
    分配のバランス ………………………… 44, 45
住民の貨幣収支バランス ……… 52, 69, 73, 99
「純粋」部門原理 ……………………… 113, 118
消費財 ………………………… 6, 45, 64, 134, 186
消費財生産部門 ……… 32, 56, 64, 73, 75, 76, 78, 119
消費物資増産体制 …………………………… 74
商品＝貨幣関係 ……… 5, 10, 19, 108, 115, 151, 180,
    181, 183, 186, 191, 192
商品＝貨幣論 ………………………………… 185
商品経済的合理性 ………………………… 189, 190
剰余価値 ……………………………………… 63, 114
剰余価値学説史 ……………………………… 22
所得・支出勘定 ……………………………… 136, 137
自立的技術進歩 ……………………………… 167
数学革命 ………………………………………… 9
数理経済モデル ……………………………… 107
数理的計画論 ……… 152, 158, 159, 162, 163, 165, 173
数理的方法 ……… 9, 68, 107, 118, 173, 174, 180, 184, 185
数理統計学 …………………………………… 9
数理派 ……… 107, 151, 152, 158, 159, 165, 166, 174, 193
ストルミリン表式 ……… 7, 8, 10, 42, 54, 58, 59, 64,
    65, 74, 78, 79, 81, 82
生産勘定 ……………………………………… 137
生産関数 ……………… 156, 158, 166, 168, 170, 173
生産関数論 ……………… 152, 155, 165, 173
生産財 ………………………… 6, 44, 64, 134, 186
生産手段生産部門 ……………… 32, 73, 78, 119
生産手段の優先的発展 ……………………… 75
生産諸要素の代替性 ………………………… 165
生産的連関 ………………………………… 108, 121
生産的労働 ………………………………… 6, 59, 63
生産と消費のバランスの総括 ………… 44, 45
生産物の価値構成 …………………………… 108
「生産力主義」的性格 ……………………… 165
静態的係数法 ………………………………… 14, 17
1925/26年国民経済発展統制数字 …………… 15, 16
1923/24年ソ連邦国民経済バランス ………… 1, 41
1923/24年バランス ……… 1, 4, 6, 10, 11, 17-19, 21,
    24, 26, 27, 30-32, 41, 43, 51, 56, 184
1927/28年統制数字 ………………………… 17

索　引　203

1928-30年国民経済バランス体系 ……… 6, 43
1928-30年バランス ……………………… 50-53
1926/27年統制数字 …………………………… 16
線型計画 ……………………………… 153, 154
戦時共産主義 …………………………… 13, 14
全人民的国家的所有形態 ……………………… 63
全ソ統計家会議 ………………… 3, 5, 8, 91, 142
全体計画 …………………………………… 16
専門家の見積り ……………………………… 3
ソヴェト数理経済学派 ……………………… 151
総合加工統計 ……………………………… 143
総合国民経済バランス表 …………………… 72
総支出係数 ……… 9, 101, 103, 104, 116, 117, 118, 122, 123, 159
双対問題 …………………………………… 154
ソブナルホーズ …………………………… 104

【た行】

第一次5カ年計画 ……………………… 13, 53
対家計民間非営利団体 …………………… 136
貸借対照表勘定 ……………………… 136, 137
大数法則 …………………………………… 51
単一総合計画 …………………………… 13, 15
単一総合表式 ………………………… 7, 10, 82
単一の企業 ……… 10, 25, 41, 59, 63-65, 74, 81, 82, 185
地域部門連関バランス ………………………… 105
中央計画機関 ……………………………… 182
中央集権的計画経済 ………………… 133, 135
中央統計局 …… 4-6, 8, 12, 13, 17-19, 24, 30, 41-43, 52, 54, 62, 67, 73, 89, 90, 100, 101, 103, 113, 119
中央統計局国民経済バランス部 …… 8, 18, 43, 90
中間消費 ………………………………… 147
中間生産物 ……………………………… 147
抽象的人間労働 ……………… 164, 190, 192
調整勘定 ………………………………… 137
直接支出係数 …… 9, 103, 105, 116-118, 122, 123, 159
直接的生産過程 ……… 162, 164, 166, 168, 173, 191
「転化」理論 …………………………… 64, 65
展望計画 ………………………………… 16
統計学死滅論 ………………………………… 51
統計学の学問的性格 ……………………… 107
統計学論争 ……………………… 107, 152
統合勘定 ……………………………… 137
投資効率 ……………………………… 155
統制経済 ……………………………… 81

動態的係数法 ……………………… 14, 17
投入係数 …………………………………… 9
投入─産出の量的依存関係 ……………… 159-162
独立採算制 ……………… 80, 81, 133, 151, 164
トラスト ………………………………… 31
取引一覧表 ……… 4, 21, 25-27, 30, 32, 51
取引主体 ………………………………… 136
取引税 …………………………………… 80

【な行】

内包的発展要因 ……………………… 169, 170
ネップ ………………………………… 4, 19
農業集団化 …………………………… 6, 17
農業問題専門家会議 ………………………… 3
農工間の不均衡的発展 ……………………… 9
ノルマ計算 …………………………… 30, 100

【は行】

バランス法 ……………… 3, 11-17, 24, 25
非社会主義的セクター ……………………… 33
標本調査 ………………………… 103, 107
不均衡 ………………………… 14, 17, 19, 23, 24
複式記入方式 ………………………… 136
不生産的労働 ……… 6, 59, 62, 64, 74, 80
物材バランス ……………… 17, 69, 106, 107
ブハーリン経済学 …………………………… 56
部門の「純粋化」 …………………………… 103
部門の組織=技術的方法 …………………… 113
部門分類 ………………………… 26, 113
部門連関バランス …… 2, 3, 8, 9, 89, 90, 99, 101, 103 -107, 109, 112, 113, 115, 116, 132, 142, 143, 159
部門連関バランス論 ……………………… 159
ブラック・ボックス ………………… 161, 173
分権的計画編成 ……………… 153, 155, 173
ペレストロイカ ……………………… 133
変案法 …………………………… 3, 12
簿記バランス ………………… 12, 24, 25
ホズラスチョート ……………… 151, 160, 183

【ま行】

マクロ経済指標の統合システム ………… 138
マクロ的指標 …………………………… 81
マルクス経済学の教条的理解 …………… 82
マルクス再生産表式 …… 18, 20, 23, 24, 58, 75, 77-79, 159

マルクス再生産論 ……… 5-7, 21, 23, 69, 74, 75, 82, 89, 126
マレンコフ体制 ……………………………… 74
自らのための労働 …………………… 74, 76, 80

【ら行】

利潤の最大化 ……………………………… 182
労働価値論 ………… 158, 162, 163, 187, 188, 191
労働計算 …………………………………… 19
労働国防会議 ………………………… 13, 15, 18
労働資源バランス ……… 5, 32, 66, 69, 91, 95, 98, 131
労働生産性 …… 75, 98, 152, 161, 163, 165, 166, 168, 170-173, 186, 189, 190
労働バランス ………………… 52, 53, 72, 82

ГОСПЛАН ……………………………… 5
ГОЭЛРО ……………………………… 3
ИСМЭП ……………………… 138, 146-148
ИНЭУМ ………………………… 101, 103
НИЭИ …………………………… 101, 103, 113
СОПС …………………………………… 104
ЦСУ …………………………………… 4, 113
ЦЭМИ ……………… 104, 113, 152, 179, 183, 192
GNP ……………………………… 132, 139-143, 147
GDP ………………………………………… 136
MPS 方式 ……… 131, 132, 135-138, 141, 143, 146, 147
SNA 方式 ……… 131-133, 136-140, 142, 146-148

【著者略歴】

岩崎俊夫（いわさき・としお）

1950年　東京都に生まれる。
　　　　北海道大学経済学部卒業，同大学大学院経済学研究科博士課程単位取得退学。
　　　　北海道大学経済学部助手，北海学園大学経済学部専任講師，同助教授，教授を経て，
　　　　現在，立教大学経済学部教授。

専攻：経済統計学
著書：（単著）『社会統計学の可能性——経済理論・行政評価・ジェンダー』法律文化社，2010年
　　　　　　　『統計的経済分析・経済計算の方法と課題』八朔社，2003年
　　　（共著）『経済学への誘い』八千代出版，1998年
　　　（共編著）『経済系のための情報処理』実教出版，2010年
　　　　　　　『経済系のための情報活用—— Excel 2007 ——』実教出版，2009年
　　　（分担執筆）『社会の変化と統計情報』北海道大学出版会，2009年
　　　　　　　『統計学の思想と方法』北海道大学図書刊行会，2000年
　　　　　　　『統計学へのアプローチ——情報化時代の統計利用』ミネルヴァ書房，1999年
　　　　　　　『エレメンタル経済統計』英創社，1995年
　　　　　　　『女性と統計——ジェンダー統計論序説——』梓出版社，1994年
　　　　　　　『経済分析と統計的方法　(経済学と数理統計学Ⅱ)』産業統計研究社，1982年，
　　　　　　　他
訳書：ヴェ・コトフ『現代経済システムの再検討』（共訳）梓出版社，1983年，他

経済計算のための統計
　——バランス論と最適計画論——

2012年2月10日　第1刷発行　　　　定価（本体3400円＋税）

著者　岩　崎　俊　夫
発行者　栗　原　哲　也

発行所　㈱日本経済評論社
〒101-0051　東京都千代田区神田神保町3-2
電話　03-3230-1661　FAX　03-3265-2993
info8188@nikkeihyo.co.jp
URL：http://www.nikkeihyo.co.jp

装幀＊渡辺美知子　　　　　印刷＊文昇堂・製本＊高地製本所

乱丁・落丁本はお取替えいたします。　　　Printed in Japan
Ⓒ Iwasaki Toshio 2012　　　　　　　　ISBN978-4-8188-2190-3

・本書の複製権・翻訳権・上映権・譲渡権・公衆送信権（送信可能化権を含む）は、
　㈳日本経済評論社が保有します。

[JCOPY]〈㈳出版者著作権管理機構　委託出版物〉
本書の無断複写は著作権法上での例外を除き禁じられています。複写される場合は、
そのつど事前に、㈳出版者著作権管理機構（電話03-3513-6969、FAX03-3513-6979、
e-mail: info@jcopy.or.jp）の許諾を得てください。

経済思想　全11巻

◎編集委員
　鈴木信雄（千葉経済大学）　　塩沢由典（大阪市立大学）　　八木紀一郎（京都大学）
　大田一廣（阪南大学）　　　　大森郁夫（早稲田大学）　　　坂本達哉（慶應義塾大学）
　吉田雅明（専修大学）　　　　橋本　努（北海道大学）

【第Ⅰ部】

第1巻「経済学の現在　1」
編集責任＊塩沢由典
- 環境経済学の現在
- 複雑系経済学の現在
- 社会経済学の現在
- レギュラシオンの経済学
- マルチエージェントベースの経済学
- 実験経済学の現在

第2巻「経済学の現在　2」
編集責任＊吉田雅明
- 進化経済学の現在
- 経済学から歴史学中心の社会科学へ
- 社会経済史の現在
- 市民社会論の現在
- 厚生経済学の系譜

【第Ⅱ部】

第3巻「黎明期の経済学」
編集責任＊坂本達哉
- ペティ
- ロック
- マンデヴィル
- カンティロン
- ヒューム
- ケネー
- ベッカリーア

第4巻「経済学の古典的世界　1」
編集責任＊鈴木信雄
- ステュアート
- スミス
- ベンサム
- リカードウ
- マルサス
- セー
- ミル（J.S.）

第5巻「経済学の古典的世界　2」
編集責任＊大森郁夫
- ジェヴォンズ
- ワルラス
- マーシャル
- シュンペーター
- ケインズ
- ヒックス
- スラッファ

第6巻「社会主義と経済学」
編集責任＊大田一廣
- サン−シモン
- シスモンディ
- マルクス（1）
- マルクス（2）
- ヒルファディング
- レーニン
- ルクセンブルク

第7巻「経済思想のドイツ的伝統」
編集責任＊八木紀一郎
- リスト
- シュモラー
- メンガー
- ベーム−バヴェルク
- ヴェーバー
- ジンメル

第8巻「20世紀の経済学の諸潮流」
編集責任＊橋本　努
- ヴェブレン
- カレツキ
- サミュエルソン
- ガルブレイス
- フリードマン
- ハイエク
- ポランニー

【第Ⅲ部】

第9巻「日本の経済思想　1」
編集責任＊大森郁夫
- 福沢諭吉
- 田口卯吉
- 福田徳三
- 柳田国男
- 河上　肇
- 高田保馬
- 石橋湛山
- 小泉信三

第10巻「日本の経済思想　2」
編集責任＊鈴木信雄
- 山田盛太郎
- 宇野弘蔵
- 東畑精一
- 柴田　敬
- 大塚久雄
- 内田義彦
- 森嶋通夫
- 宇沢弘文
- 廣松　渉
- 左右田喜一郎

第11巻「非西欧圏の経済学　—土着・伝統的経済思想とその変容」
編集責任＊八木紀一郎
- 土着・伝統的思想と経済学
- 西欧経済思想導入以前の日本経済思想
- 江戸期における「常平倉」「社倉」論
- 中国の伝統的経済思想
- 中国の近代化と経済思想
- イスラムの経済思想
- マハートマ・ガンディーの経済思想

A5判　上製カバー
平均300頁
各巻　2800円〜3200円（本体）